伟 大 的 思 想
GREAT IDEAS

12

记忆之灯
THE LAMP OF MEMORY

〔英〕约翰·罗斯金　著
张雅琦　译

THE LAMP OF MEMORY
by John Ruskin
Selection copyright © Penguin Books Ltd
Cover artwork © Catherine Dixon
Simplified Chinese edition copyright © 2023 by The Commercial
Press in association with Penguin Random House North Asia.
All rights reserved.

"企鹅"及相关标识是企鹅兰登已经注册或尚未注册的商标。未经允许，不得擅用。
封底凡无企鹅防伪标识者均属未经授权之非法版本。

涵芬楼文化 出品

↠ 译者序

约翰·罗斯金（John Ruskin，1819—1900年）从小生活在英国伦敦的一个富裕商人之家，成长环境优渥，接受了良好的教育。罗斯金多次跟随家人外出游历，在欣赏风景、观察艺术和建筑的过程中，逐渐形成了对自然、艺术和生活的热爱和感悟，这为其后续的学术事业奠定了坚实的基础。作为一位博学多才、享有盛誉的作家、哲学家、艺术家、建筑家、社会思想家等，罗斯金一生著作颇丰，成就斐然，作品包罗万象、体裁丰富、隽永流传，其学术影响力从19世纪一直延续至今，跨越百余年的时空界限，被后人视作"道德领路人"和"预言家"。

《现代画家》(*Modern Painters*，1843年)、《建

筑的七盏明灯》(*The Seven Lamps of Architecture*,1849年)和《威尼斯之石》(*The Stones of Venice*, 1853年)等是罗斯金在艺术评论方面最具代表性的作品。罗斯金的艺术观念激发了人们认识并理解艺术的灵感,无疑为英国维多利亚时代的艺术史留下了浓墨重彩的一笔。同时,他还积极推广"拉斐尔前派"(Pre-Raphaelite Brotherhood)艺术,对英国19世纪"艺术与工艺美术运动"(Arts and Crafts Movement)影响深远且广泛。罗斯金密切关注经济发展,批判社会剥削现象,宣扬自主构建的理想社会模式,以散尽家财为代价建立了具有乌托邦性质的圣乔治公会(the Guild of St. George)。时至今日,该基金会仍正常运转。

《记忆之灯》一书收录了《记忆之灯》《剑桥艺术学校:开学演讲(1858年)》《国王的宝藏》和《交易》四篇罗斯金分别发表于不同时期的重要作品。

第一篇《记忆之灯》是罗斯金在1849年出版的《建筑的七盏明灯》中的一篇文章,体现了作者关于建筑的看法,讨论了建筑作为国家文化载体,应在文化传承中发挥出的效果。1835年,作者第一次游历威尼斯,与阿尔卑斯山结缘,从此对该山脉充满了无比的敬畏。在文章开头，作者用生动的语言毫无保留地表达了对阿尔卑斯山景色的赞美，簇拥的花团、柔软的牧场等跃然纸上。之后，罗斯金谈及家用和公共建筑以及建筑保护等内容。他提出，优秀的家用建筑承载着建造者和使用者的集体记忆，应当加以保护，向后世传递其代表的文化内涵。同时，关于公共建筑方面，作者赞扬了哥特式建筑记录丰富的民族情感、展现自然美以及为建造工人保留创造空间的特点，这展现了建筑物反抗功利主义的人性价值。作者也鲜明地指出，应竭尽全力保护历史建筑，使其免遭毁坏。

本书的第二至第四篇是罗斯金在19世纪60年代参加各类讲座、演说活动时发表的文稿。在第二篇《剑桥艺术学校：开学演讲（1858年）》中，罗斯金主要阐明艺术教育的相关原则和规律。他强烈主张，在普通的艺术学校中，除了教授各行各业不同的技巧，更重要的任务是引导学生从实践中体会艺术原则的具体应用，从而让学生对实际艺术创作中的困难与解决方法有更深的理解与感悟。同时，作者强调，各类技工的第一要务是拥有开阔的视野，学会细致观察各项事物，看清其本质，培养并不断提高艺术鉴赏能力和想象力，而非仅仅机械地创作出千篇一律、毫无特色的艺术作品。针对当时人们过分追求艺术品商业价值这一现象，罗斯金也予以批判和谴责。他认为，只有真正欣赏、痴迷于艺术，从艺术中收获乐趣的国家才真正有资格创作出优秀的艺术作品。

《国王的宝藏》这一篇最早收录于1865年出版的《芝麻与百合》（*Sesame and Lilies*）。罗斯金在《国王的宝藏》中，首先对全民热衷于"提升生活品质"这一情况发表看法。他指出，所有人都渴望在生活中变得更加优异，获得令人尊敬或相当体面的社会地位，完成"跻身上层社会"的理想。从本质上，这种想法源于"上层身份"的吸引力，这也深刻影响着众人努力奋斗的初心。其次，作者重点讲述了为何要从大量真正意义上的"书"或经典作品中吸取精神养料，这类书籍饱含深刻含义、富有永恒的魅力，并呼吁读者养成细致关注字词、透彻理解真实意思等阅读经典作品的习惯，从而可以不断提升全民文学阅读水平。再次，罗斯金进一步向公众说明了建立并资助公共图书馆的重要性，希望引起社会对阅读积累的重视。

最后一篇《交易》是罗斯金于1864年在布拉德福德市政府发表演讲的内容。在该演说中，作者详细地论述了审美和道德两者间的密切关系。他指出，审美不仅是道德的一部分和指向标，更代表着道德的全部内涵。作者表示，只有对优秀画作和雕像（而非针对所有的作品）的审美才称得上是一种道德品质；所有源自美好艺术的喜悦，所有倾注在艺术上的喜爱，都会把它们转化成对事物的纯粹热爱，这会演变成一种值得被称为"可爱"的品质。此外，作者运用相关例子解读了欧洲人在不同历史时期的三种信仰崇拜——古希腊时期的智慧和力量之神、中世纪时期的审判和慰藉之神、文艺复兴时期的自豪和美丽之神，以及英国人当前的信仰现状。

在本书中，约翰·罗斯金透露出对英国工业化进程冲击社会、伦理、宗教的不安。他所传递的思想内容，在一定程度上，对于身处现实世界、正经历社会高速发展变化的读者思考艺术与自然、人性的结合以及反思教育、道德与信仰等诸多方面，产生了丰富的启发和警示意义。

《记忆之灯》一书的翻译之旅，于我而言，是在多语之间的来回穿梭中与作者约翰·罗斯金产生心灵感应与情感认同的动态对话过程。在我感到疲倦、彷徨之际,作者如同一盏不灭的明灯,闪烁着耀眼的光芒,驱散了我的倦怠和迷茫,使我更加坚定了继续前行的决心。从而在内心触动的深处,我更能理解作者对于社会、艺术发展大有裨益的伟大思想,顺应译入语的表达方式和习惯,尽可能完美、贴切地展现原文的真实意义与深刻内涵,以更恰当的方式处理中西语言文化方面的巨大差异。

张雅琦

目 录

记忆之灯	1
剑桥艺术学校：开学演讲（1858 年）	21
国王的宝藏	41
交 易	107

›› 记忆之灯

当我心怀感恩地回忆一生中的某些时刻,我发现那时是超乎寻常的欣喜,其中的教导意义也是清清楚楚。在数年前的一个傍晚,我在环绕着爱恩河的大片松林里散步,河流穿过位于法国东部侏罗省的尚帕尼奥勒村。这里彰显着阿尔卑斯山脉的庄严,而不是荒芜;大地似乎即将喷发出巨大的能量,严肃与宏伟在连绵起伏的松山上相互协调。群山有力地合奏出交响乐的第一个音符后,便很快提高了音量,乐音在阿尔卑斯山峦上缭绕回旋。然而,山脉的力量是有节制的,不断向远处延伸的、被牧草覆盖的山脊紧紧连在一起,如同波涛汹涌的大海经过平静的水面时发出长长的、叹息般的涌动声。广阔无垠的单调中也流露出深厚亲切之情。中部山脉的破坏能力和严肃表情都消失了。柔软的侏罗牧场没有被远古冰川霜冻侵蚀、沙尘覆盖的痕迹，侏罗森林的光芒不会为一堆堆碎片所掩盖，更不会有苍白的、污染的或喧闹的河流粗鲁地、变幻无常地在侏罗山脉岩石间奔腾不息。清澈见底的、绿色的溪流在熟知的河床中淌过，耐心地、一个接一个地泛起旋涡。在松树下的昏暗寂静之地，繁花盛开，一年又一年，不知道这世上还有什么比这些花朵更愉快的了。那时正值春季，花簇五彩缤纷，即便有足够的空间，花朵还是会把枝叶挤压成各种奇怪的形状，只为紧紧地簇拥在一起。银莲花零散分布着，又时不时聚成星云状；酢浆草聚集成群，如同圣母马利亚的贞洁游行队伍一般，挤在石灰岩深色垂直的裂缝之中，好似皑皑白雪，边缘触及的常春藤似明亮又可爱的葡萄藤。不一会儿，在太阳照射下，紫罗兰冒了出来，流星花也跟着盛开；在更空旷一点儿的地方，野豌豆、聚合草、丁香花、阿尔皮娜远志花天蓝色的小蓓蕾以及一两株野生草莓尽情享受着厚实的、温暖的、琥珀色苔藓的金色温柔。很快，我向外走去，来到了峡谷边，河水发出的隆隆声响从下面传来，与松树上画眉鸟的歌声融为一体；河谷对面是灰色石灰岩山崖，一只鹰在山崖顶部缓慢盘旋，翅膀几乎触碰到了崖壁，羽毛上闪烁出松树的阴影；在它身下数百英寻深的瀑布里，绿色河水卷曲流动，泛出使人头昏眼花的闪闪星光，当老鹰飞翔而过，浪花也跟着翻滚。如果心无旁骛，便可享受这种僻静又严肃的美丽；我还清晰回忆起，当自己非常努力地探索这幅令我印象深刻的美景的源头时，暂时把它遐想成新大陆的原始森林，头脑便会一片空白，身体还打起了冷战。花朵瞬间变得暗淡，河流也不再欢唱，山峦变得沉重而荒凉。黑暗森林的大树枝沉闷地表现出它们以前的能量都源自他人，而不是与生俱来的，永恒的荣耀以及不断更新创造的能力都体现在它们回忆中更珍贵的事情里，而非源于它的再生过程。人类的耐力、勇气和德行深深影响着那些持续绽放的花朵以及奔流不息的河水。在傍晚星空的衬托下，人们更加崇拜深色山脉的峰顶，因为它们朝东延伸的阴影笼罩着侏罗的铁墙以及格朗松的四方城堡。

  建筑是这种神圣影响的集中载体和维护者，因而我们应当以最严肃的态度看待建筑物。即使建筑消失了，我们也能生存下去，表达崇拜之情，却无法保存我们的记忆。与现存国家记录的内容以及永不磨灭的大理石所体现的内容相比，所有的历史是多么凄凉，想象力又是多么毫无生机啊！几块石头的堆砌就能为我们免却冗长的模糊记录！古巴别塔建造者的雄心壮志指引着世人，有且仅有两样东西可以克服人类的遗忘，那便是诗歌与建筑。在某种程度上，后者包含了前者，而且实际上更有力量。建筑不仅记录着人们的思想和感悟、创造的一切以及见识，而且囊括了人们生活的全部内容。黑暗笼罩着荷马时代，荷马独特的个性令他饱受争议。然而，伯利克里时代有所改变，我们必须承认一点，比起美丽的歌手或士兵历史学家，我们能从雕塑作品的残骸碎片中加深对希腊的了解，这一天终将到来。如果知史有益，或流芳百世也是快乐的，这些都可为我们现在的努力和坚持提供能量和耐心。我们对国家建筑承担着两项任务，其重要性无论怎么强调都不过分，一是使当代建筑能永垂不朽，二是将历史建筑视为最珍贵的遗产予以保护。

对于第一项任务而言，"记忆"完全能算作建筑的第六盏明灯，因为唯有当建筑具有纪念价值或千古流传的意义,民用和家用建筑才能真正变得完美无缺。这在一定程度上是因为这样一种观点,即建筑作品会更加牢固,它们的装饰会因其隐喻的或历史的意义更显生机勃勃。

关于家用建筑,这种观点在力量和人心方面一定存在某种局限性。但我依旧认为,当一个民族建造的房屋只供一代人使用时,这是有害的迹象。善人的房屋是神圣不可侵犯的,而从废墟中重建起来的屋子却无法再创这种圣洁性。同时,在我看来,好人一般都能体会到这一点。在这栋住宅里,他们过着开心而体面的生活,在即将走到生命尽头的那一刻,他们会感到悲痛万分,想到这人间住所见证或共同体会了他们所有的荣耀、愉快和苦难,这栋房子连同它自身的所有记录,以及他们曾热爱过、掌管过的物质财富,他们之前留下的痕迹,都将在自己安葬后被一扫而空;人们从不尊敬房屋建筑,对它毫无感情,孩子们更不懂得珍惜。虽然在教堂里安放了一块墓碑,但炉边和家里却再也没有温暖的容身之地。他们一度珍惜的一切都被厌恶,那些曾为他们遮风挡雨、慰藉心灵的处所也都被铲平。我觉得一位好心人会害怕这种情况发生,进一步而言，一位优秀的儿子、一位贵胄也害怕对其父亲的房屋做出同样的处理。依我所见，如果人们真像人类一样生活，他们的房屋就会被视为寺庙，我们绝对不敢损坏它们；若能在其中居住，我们将变得神圣。如果每个人仅为自己的利益或只为改变自己的生活而建房，那么他们之间的情感纽带即将瓦解，他们也不会感恩家庭所给予的以及父母所教导的内容，并奇怪地意识到自己已经背离了祖先的荣耀，以及我们的生命无法使后代将这住所视为神圣之地。我看到那些由石灰和黏土形成的可怜混合物，像生长的霉菌一样，从我们首都周围被蹂躏践踏的田野中不断涌现；我看到由木材碎片以及仿石建成的造型单薄、摇摆不定、地基不稳的建筑框架；还看到数排阴暗的、形式化的小房屋，它们之间虽然相似但毫无联系，彼此独立又相像。看着上述这些，我不仅在怒视之后毫不在乎地厌恶，对被亵渎的景色感到惋惜，也更加悲痛地预想到，当我们民族的伟大之源松散地建立在这片土地上时，它将一定会深度腐烂。那些无舒适感、不受重视的房屋便象征着极大且不断扩大的厌烦情绪。它们标志着一个时代，那时人类的目标就是住在比现有居所更好的地方，人们习以为常地嘲笑着每个人的过往。人们渴望离开自己一手建立起的地方,将以前的生活抛诸脑后,再也无法感受到家庭带来的慰藉、和平与信仰。与阿拉伯人或吉卜赛人的帐篷相比,艰苦奋斗、不满现状的民族的拥挤居所的特点在于不够健康的敞开程度和令人不满意的选址。人们以牺牲自由的代价也未能换来休息,失去了稳定也没得到改变带来的奢华享受。

　　这样的罪恶行径是很明显的,而且必将引发严重后果。这是导致其他错误和灾难的预兆以及传染、繁衍之源。但人类不再热爱着他们的家庭,不再尊重他们的居所,这便意味着他们已经玷污了它,以及他们从未认可过基督教崇拜中真正的普世性,这种普世价值正是高明于异教的偶像崇拜(而不是虔诚)的重要一点。我们的上帝不仅在天上,同样也在每个人的家中。在所有人的住所里,都摆放着上帝的圣坛,这使得人们在移动、清理灰烬时要格外注意。针对耐用性和完整性来说,建造一个国家的家用建筑和单纯的视觉享受、理智骄傲、有教养且爱挑剔的想象力并无联系。这是一种道德义务,我们一旦不履行就会被惩罚,因为对于建筑的看法取决于细微又平衡的责任心,即建造房屋时的谨慎、耐心、热爱和持之以恒的勤奋,同时也代表着一种观念——希望建筑能历经普通的国家革命或是当地利益的整个变更时期。这是最起码的,如若可行,人们最好把建造个人房屋视为毕生事业来完成,这是开始的条件,不是最后的成就。人们应当竭尽全力去建造房屋,使其坚不可摧;通过建筑向子孙后代讲述自身经历的故事、生活,等等。竣工的那一刻,我们可能拥有了真正的家用建筑,这是其他一切方面的基础。真正的家用建筑对待小的或大的住所都不偏不倚、认真仔细,会为世上狭小的空间赐予尊严,这种尊严使人们得到满足。

我注意到这种高尚、自豪、安静的镇定,以及生活美满的持久智慧,可能就是所有时期的伟大智慧力量的主要来源之一,毋庸置疑,它们就是古代意大利和法国的伟大建筑的最重要来源。至今,这两个国家最美丽的城市中引人注目的不是其孤立又豪华的宫殿,而是它们在光辉时期遗留下来的珍贵又精致的房屋装饰,哪怕是最小的一些房间。威尼斯堪称最精美的建筑作品,是位于大运河源头的一栋小房子。房屋共三层,第二层共三扇窗户,第三层有两扇窗户。许多工艺最为精湛的建筑都在更狭窄的河道两岸,而且面积会更小。15世纪,在意大利北部,最有趣的建筑之一是后街的一栋小房子,位于维琴察广场的后面。这栋房屋始建于1481年,铭刻着"没有尖刺的玫瑰",也是共有三层,每层楼三扇窗户,中间隔着漂亮的花朵装饰,中间的阳台由一只展翅的雄鹰支撑着,站在羊角上、长着翅膀的半狮半鹫兽则支起左右两边的阳台。现代社会有种观念,即房屋应当建得又大又好,与这个观点类似的是画中的人物需要比现实中的人体尺寸更大,这样才能突出图画的历史感。

我宁愿普通的住宅能更长久地保存下去,也能更加美丽,能使人从里到外都感到愈发愉快。关于房子的建筑风格和造型要达到何种相似度,我将在其他题目下说明。但总体而言,房屋之间的不同之处应当适应、展示个人品质和职业特点,甚至是部分个人经历。在我看来,房屋的首位建造者便拥有这项权利,并且应被其子孙尊重;最好在屋旁放置一些空白石块,以备今后总结主人生平和房屋历史之需,这样便能把纪念碑意义赋予住宅,使之进一步演变为更系统的指导。这种优良风俗在古代社会便存在，一些瑞士人和德国人依旧保留这样的做法，以答谢上帝允许自己建造并且拥有一个安静的容身之地。下面这段美文可作为本部分的结束语。这是我从一栋在绿色牧草中新建的别墅上摘抄下来的，别墅坐落在格林德瓦镇通向下游的冰川之间：

> *心怀诚挚的信仰*
> *约翰内斯·莫特和玛丽亚·鲁比*
> *建成了这栋房屋。*
> *亲爱的上帝保佑着我们*
> *免遭灾难与厄运的伤害，*
> *并且还祝福着我们*
> *历经悲伤痛苦的旅程*
> *去往美妙的天堂，*
> *所有虔诚的信徒会聚一堂，*
> *因为上帝将会奖励他们*
> *用和平的桂冠*
> *直至永远。*

公共建筑的历史传承目的应当更加明确。哥特式建筑的优势之一在于它可以无限制地记录丰富的内容，这里提及的"哥特式"是与古典含义相比较而言内涵最广的含义。这类建筑中精细而众多的雕刻装饰成了表现应当广为流传的民族感情或成就的载体，这种方式具有象征意义或字面意义。实际上，装饰无法充分展示建筑物高尚的特点。即使是在思想最活跃的时代，装饰也会给想象留下发挥的空间，否则人们将重复使用包含民族纽带或象征意义的符号。然而，如果不将哥特式建筑哪怕只是表面装饰中的精神特有的力量与多样性考虑在内，这也并非明智之举。对于其他更重要的建筑部分而言，情况也是如此，例如圆柱的柱头或浮雕装饰、束带层、人们公认的浅浮雕等等。哪怕是最粗糙的建筑作品，只要它能讲述一个故事或记录事实，也优于最华丽却毫无内涵的作品。伟大的城市建筑上面的装饰都应体现理性思索。在现代社会，历史的真实描绘遭遇了困难，非常棘手又顽固，如同难以处理的服装。然而，通过足够有效和大胆的想象，以及符号的直接使用，所有问题都能迎刃而解。这不仅会达到建造完美雕塑作品的效果，而且无论如何，都能使它在建筑组成部分中显得最为宏伟、最富表现力。威尼斯总督府的柱头就是一个很好的案例。其中，历史部分应由府内画师来完成，但宫内每个拱廊的柱头都饱含深意。作为整座宫殿的基石，竖立在大门旁的那根大柱象征着"抽象的公平"。它的上面是一尊"所罗门审判"的雕塑，其用于装饰的处理方法十分巧妙。如果整座雕塑仅由这些人物组成，那么他们就会分割角线，也会削弱表面上的有力感。之后，一根粗大的、有棱纹的树干在这些人物之间升起来，位于刽子手和正在求情的母亲中间，以支撑并延续柱杆，其实树干与这些人物毫不相干，树干上的枝叶还可遮挡、装饰该雕塑。树叶围绕着下端柱头，那里雕刻了正义的化身——罗马皇帝图拉真，他正在为一位寡妇主持公道，亚里士多德以及其他一两位因毁坏而无法识别的人物也在雕塑上。旁边的柱头按顺序表现了一些美德和罪行，象征着对国家和平和权势的维护与破坏，其中有根柱头代表"信仰"，上面刻着"信仰与高尚同在"。柱头另一端是一个正在敬拜太阳神的人。建造者还奇思妙想地用鸟儿装点在后面的一两根柱头上，后面便是一系列的装饰，包括各种各样的水果、民族服装以及在威尼斯统治下的多国动物。

现在，我们暂且不谈更重要的公共建筑，一起畅想一下如何用历史的、有象征意义的雕塑来点缀印度的房屋：首先，房屋建造规模宏大；其次，要有关于我们在印度战斗的史实的浮雕，再用东方树叶或者宝石进行装点镶嵌，在更重要的装饰中反映印度的人文自然风貌，突出印度教崇拜的神灵对基督教的服从。难道这样一件雕塑艺术品不比一千本历史书更具价值吗？然而，如果我们没有运用这些装饰的创造力，或者我们也不如欧洲大陆民族那样喜欢讨论自己，这或许是我们在这方面能力欠缺的最佳借口。即使用大理石记载，我们至少要在保证建筑耐用度方面尽职尽责。这个问题牵涉到多种装饰样式的选择，因此值得我们深入探讨。

　　人类的仁慈和意志难以超越自己这代人。他们将子孙视为拥护者，渴望得到他们的关注，努力获得他们的赞美；他们或许希望子孙后代能意识到那些尚未被认可的美德，并且要求后代公正地对待当前的错误行为。但这些想法过于自私，丝毫没有顾及或考虑后代的利益，我们甚至十分欣然地鼓动他们对我们谄媚，同时兴奋地借助他们的权威来支持我们目前尚有争议的主张。我们为了子孙而牺牲自己，为了未出世的债主积极发展经济，为了后代能在树荫下乘凉而种树、能安居乐业而兴建城市。依我之见，公众从未将上述想法视为个人努力奋斗的动机，但这些依旧是我们的责任，除非我们既能帮扶同辈又能恩泽后世，否则，我们将难以生存下去。上帝已经将土地赐予我们，这是一笔丰厚的遗产。土地资源属于我们，同样也属于子孙后代，以及《创世记》中早已记载的人们。无论我们做与未做，我们都无权使他们遭受不必要的惩罚，或剥夺他们应得的、我们有权传下去的财产。这更是因为，指派人类劳动的条件之一是果实的丰收程度与种植和收获之间的时间成比例。因此，总体而言，我们把目标定得越高远，越不期望有见证自己的努力成果的那一天，就能获得越伟大、越广泛的成功。人类无法像为后世谋福利那样为同辈带来利益。在所有发出人声的讲道台中，墓穴的声音最掷地有声。

我们不会因思考未来而蒙受损失。防患于未然，人类所有的行为都会带来荣耀、魅力和华丽。在所有特性中，远大的目光，平和、自信的耐心将人类区别开来，使一部分人能靠近上帝。我们能通过这种方法检验所有行为和艺术所蕴含的伟大。因而在建造居所时，我们要有使其名垂青史为信念。建筑不能仅供当下享受和使用,而要成为使后代感激我们的作品。当不断堆砌着石块时,我们要想到那一天将会来临,到那时这些石块会因我们的触碰而具有神圣意义,人们看见房屋就好似亲眼看见了前辈的劳动和锻造过程,他们会说:"瞧啊,那是祖先们留给我们的。"实际上,一座建筑物最闪耀的部分不在于它的石块,也不在于其中镶嵌的黄金,而是在于它所处的时代、强烈的号召力、严肃的外表以及神秘的怜悯之心,甚至在于我们从其外墙上感受到的、长期受翻滚的人性浪潮洗礼的赞誉或指责。建筑物见证着人类的演变,安静地和其他昙花一现的事物形成对比。随着四季交替、时代变迁、朝代兴衰、地貌迁移,建筑在无法跨越的时代中保留了雕刻精美的外形,连接着被忘却的和将至的时代,如同汇集了民族间的理解,部分地构成了身份认同。在金色的时间痕迹上,我们寻找建筑真实的光亮、色彩和珍贵价值。只有当一个建筑物集结了这些特点时,它才能声名鹊起,因人们的行为而受到尊崇。建筑物的墙壁目睹了苦难,屋梁在死亡的笼罩下挺立着,它能比围绕在其周边的自然事物留存得更长久,而拥有了语言和生命之馈赠……

接下来，我们不再讨论建筑修复方面，这从始至终就是场骗局。和用尸体制成标本一样，你也能造出一座建筑的模型，就像标本保存了骨架结构，你的建筑模型内部也会有旧墙的框架，反正我既未发现也不关心这种做法的好处。但比起坍为一堆灰尘、化成一摊泥土，旧建筑遭到破坏的情况明显更彻底、残忍。相较于重建的米兰，我们能从荒无人烟的尼尼微城中了解更多内容。但是，据说修复有时是很必要的。诚然，全局考虑一下这种必要性，按照它内在的规律理解清楚，你会发现这其实是一种毁坏的必要。你可以接受这种必要性，将整栋建筑夷为平地，将石头扔到无人问津的角落，如果你愿意的话，可以用它们做成碎石或是砂浆。但要老老实实地完成这件事，不要在旧址上重建一个谎言。如果在这种必要性来临前考虑清楚，或许你能避免这种事情的发生。现代社会的规则（我相信这一点，至少法国泥瓦工会系统遵守这种原则，例如鲁昂的地方官员为了给予流浪者工作机会便把圣旺大教堂铲平重建）是一开始先忽视这些建筑，之后再对其进行修复。照料好你们的纪念碑，这样便不用进行修复。一定要及时在房顶上放置几块铅板，把水道里的落叶和树枝清理干净,这些都会起到保护房顶和墙壁的作用。我们要认真仔细地照顾古老的建筑,尽最大努力保护它,不惜一切代价使它免遭坍塌。我们要像清点皇冠上的珠宝一样细数建筑上的石块;像对待被包围的城池大门一样,安排门卫看守;用铁块焊接松动的地方;在下降倾斜处,用木材加以固定;不要顾及这些保护措施是否有碍观瞻,拄着拐棍总比缺腿要强。我们一定要小心、恭敬、持续地做这件事,那么数代后人便可在屋内度过一生。在房屋终将消失时,我们须坦诚公开,不要由侮辱性的、假冒的替代品剥夺房屋被人纪念的权利。

对于更加荒谬、无知的破坏行为,我便无须多言。曾经做出那些事情的人听不进我的话[1]。然而,无论他们是否听到,我必须公开事实,即我们是否应当保护古代建筑与谋私或情感毫无关系。**我们无权处理这些建筑**,因为它们不属于我们。这些建筑中的一部分属于建造者,一部分属于我们的后代。那些故去的先辈仍然对它们拥有权利,因为他们为此付出了劳动,他们想借这些建筑物来永恒地表达对成就的赞扬、对宗教情感的展现或其他任何可能的内容,对于这些我们都无权摧毁。我们可以随心所欲地破坏自己建立的建筑,但若其他人也付出了体力、财富乃至生命的代价来完成建筑,那么他们的权利不会因其逝世而消失。对于他们留下的建筑的使用权并不仅仅属于我们,而是由他们的后代享有。如果我们为了眼前的便利而铲平这些建筑,可能引起数百万人的哀恸,给他们带来伤害。我们无权使人们遭受这样的悲伤和损失。阿夫朗什大教堂是属于那些破坏它的暴徒,还是属于我们这些在它的遗址上悲恸徘徊着的人呢?任何建筑都不属于摧毁它们的人。他们现在是暴徒,也将会一直是。无论是为一时泄愤,还是有预谋的破坏,无论他们人数众多,还是在委员会任职;毫无理由地破坏建筑的人就是暴徒,而这些人总是无缘无故地损毁建筑。一座优秀的建筑必然值得拥有它矗立的那片土地,并且始终如一,直到中非和美洲已像米德尔塞克斯郡那般人口稠密。但是,无论出于何种理由,毁坏建筑都是不正当的。我们可将一种情况视为合理,但并非此时此刻,那便是坐立不安、心怀不满的现在侵占了我们思想中属于过去和未来的位置。自然的安宁渐行渐远,成千上万人曾经在漫长的旅途中深受宁静的天空和熟睡的土地影响,如今却不得不忍受着生活无尽的疯狂。我们国家的脉搏兴奋地跳动着，经过钢铁的管道贯穿整片大地，时时刻刻变得更加热烈、敏捷。所有生命力集中通过跳动的动脉到达中心城市；穿过狭窄的桥梁，掠过绿色大海一般的乡村，我们被络绎不绝的人们挤到城市门口。无论如何，源自古老建筑的影响是树林和土地唯一的替代品。我们不应为了修建正规的广场、带有栅栏和绿植的人行道，或富丽堂皇的街道、开放的码头，而将古代建筑舍弃，因为一个城市的荣耀不在于这些广场等建筑。我们把它们都留给群众，但需记住，在这些烦躁墙壁的围绕中，确实有一些人会要求去往别处，会要求一些其他的形式以开阔眼界，就像他常坐在一个太阳可以从西边照射到的地方，观察佛罗伦萨的穹顶在深深的天空中画出的线条，或是像王宫的主人那样，每天从宫殿的卧房，即祖先休息的地方，注视着维罗纳灰暗街巷的交会处。

·注 释

[1] 确实不会!——我从未听说比我还能说废话、比我更愿意惹麻烦的人。我觉得第六章的结尾段写得最好,也是整本书中最好的内容,但同时也是最无用的。

↠ 剑桥艺术学校：开学演讲（1858年）

我猜想，可能主要有两种人愿意为工人创办一所艺术学校：一种人希望劳工变得更快乐、更聪慧、更优秀；另一种人想让工人制造更好、更值钱的产品。当然了，这两种目标可以同时存在。然而，我们更加关注这些目标背后的动机，因为我们完成任务所依赖的精神力量大有不同。正如我所说，这种区别可将实施计划的发起人分为两种：一种是出于慈善公益目的，另一种是为了获得商业利益，前者希望工人能主动学习，后者则希望工人可以为我们做出珍贵的产品，以此和其他国家竞争。

不同的动机也会造成工作机制的区别。慈善家们不仅忙于体恤技工，也会关切全体劳动者。通过向工人群体提供娱乐活动或宣传新思想，慈善家想尽一切办法，以改变他们的习惯，提升他们的幸福感。一所目标宽泛又含糊的学校所坚持的艺术教育原则，应当区别于那些只为本行业工人提供特殊培训的学校所采取的原则。我认为这种不同之处尚未在我们的观念中生根发芽，或是被我们纳入创办学校规划的考虑范围。至今，我们的观念还很模糊，我们一直认为，在某种程度上，所有人可以通过一种普遍的方法学习绘画艺术，这对所有人大有裨益。此后的每一届技工都能将所学的综合知识，根据具体要求应用于自己的职业。现如今，情况已有所改变。根据行业所需，一位木雕师和一位瓷画师的绘画方式大相径庭，如同宝石匠和铁匠之间也有很大的区别。在不同的作品中，我们需要引导他们使用自然的方式表现出差异化的特点。教导一个铁匠学会观察桃子表面的绒毛是毫无意义的，同理可知，让一个木匠去学习空气透视的画法也是无用功。在他们各自的行业中，学习上述内容只会过多地消耗他们的大脑精力，使他们不能专注清楚地探究自己使用的材料体所现的艺术特性。

　　我想说，现今在一所学校中，将各行各业的艺术原则的特定使用方法教授给学生是难以实现的。只有长期从事某项特定的工作,学生才能从经验中了解艺术原则的具体应用。每一件物品的力量、打磨时的难点等知识,其实更多源于自身的检验与感悟,而非他人的传授。只有在锻造炉或熔炉旁反复触摸和不断试验,金匠才会发现如何打造黄金,玻璃工匠才能知道如何将玻璃制成工艺品。只有经过观察以及辅助本行业大师的实际操作过程,学徒才能学会高效的操作法则,或了解设计条件的真实局限方面。因此,在我看来,这类刚成立的学校不应将特定行业的教学内容纳入计划中,因为只有配备齐全相应的物质材料、便利条件以及师傅的成熟经验,才能使这种教学活动取得成效,然而我们目前还不具备这些。所有具体的艺术培训应当由专门为该行业建立的学校承担。我曾在一场艺术的政治经济学讲座中提到,当操作技工更熟练地掌握这些技巧时,我们完全有必要以一种积极的、切实可行的方式建立各行业协会。行业协会旨在明确适合本行业发展的艺术原则,以此原则来指导学徒工,并针对不同材料以及新探索的操作方法开展相关试验。协会还有其他的功能,在此我不再赘述。我再强调一次，目前，我们无法期望在这样一所学校里实现上述目的。除非我们放弃这样的念想，否则我们无法获得满意的结果。然而，我们要开始专注于教会技工，无论他是农场主劳工、厂工、机械工、技工、店员、水手，还是农夫，我认为，应尽可能地教会他们一件事情，即视野。

这并非微不足道，相反，可能在所有传授给技工的内容中，这是最为重要的一项。教会你阅读，如果你尚且不知阅读的内容是真是假，这有用吗？教你写字或说话，如果你无话可说，这有用吗？教你学会思考，若你不需要思考，这又有什么意义呢？但是教会你如何洞察、理解，你便立即懂得如何正确地表达和思考。人们会模糊地承认这一点，当不断表达渴望光明时，祈祷和赞美诗等的共同措辞沦为了单调的隐喻，含糊不清地被曲解为其他语言——首先用拉丁语进行阐释，其次用英语启蒙，再次用拉丁语解释困惑，又用英语阐明，最后利用光线、光束、太阳、星星、灯光等来进行说明，直到我们希望，至少在宗教信仰方面，并不存在光明或黑暗一类的词语。但是，促使人们愿意忍受这种无尽重复的天性是真实的，他们唯一需要以及应当追求的不是光明,而是视野。如果你尚不清楚如何利用光明,那么无论你拥有多少光明,都毫无意义。这很有可能会刺激你的眼球,而非对你有益。另外,在世上,我们常常想要在黑暗中看清事物,这对于任何人而言都是一种天赋。但无论通过何种光线,我们都想看见事物的原貌。我可以确定,如果我们能获得一点点,哪怕只有一点点《一千零一夜》中托钵僧的油膏,来展示世界的真相而非财富,便足以尽快地改变这个世界。

然而,无论这些内容是否真实,毋庸置疑,在这样一所新建的学校中,我们的首要任务是教会学徒用眼睛去观察学习,而不是直接动手去做。我们应尽最大努力教学生清晰、真实地观察自然事物。同样,我们不应过于费力地传授学生再现这些事物的能力。他们可以或多或少地通过练习获得这种能力,虽然这种练习对于提升观察的准确性而言毫无作用。反过来也一样,学徒可以通过练习以精准观察,但这种练习无法提升他们再现事物的能力。例如,学生花费大量时间来练习单一颜色洗染确实能提高绘画能力,但对于确定某个给定物体的真实色彩而言却没有什么益处。如果仅获得一小时的认真指导和纠正，学生就会更深入地了解色彩的规则。在此过程中，学生不停地擦来擦去，提亮颜色或使色彩变暗，一会儿又把颜料刮去再上色，十分耐心地尽力与色彩规律保持一致，虽然这一系列操作会毁掉画作甚至使其面目全非，但他能够更敏锐地观察所描摹的事物。当然，在师傅和学徒看来，通过努力获得可见的回报，在实际绘画中创作出令人赏心悦目的、值得称赞的或有商业价值的作品，是十分具有诱惑力的。但我到访的学校越多，就越能充分质疑那些学生画出许多浮夸且完整的作品的学校。我们细致观察便能得知，学生往往是根据某传统规则来绘画一幅浮夸的作品，学生只是盲从这些规则，并未真正理解其内涵。他的作品再现了真相，虽然他本人并未感受体会过这一真相。这种画作过于千篇一律、毫无生气，其中的明暗关系处理华而不实，规规矩矩，但又自相矛盾。若学生只学会了如何绘画，那么他的作品往往是破绽百出、不堪一击的。因此，我们非常有必要建立一所真正公共或普遍的艺术学校。在那里，老师不应隐瞒甚至谋划这种错误，而应引导学生充分利用时间来获得最珍贵的体会和心得，而非创作手法。

大家注意一点，除非你能尽力专注绘画或制图，否则这一过程本身将毫无意义。一位业余爱好者或工人的画作，只要不是艺术家的作品，就毫无价值。作为纪念品、礼物或记录有用事实的方式，这样的作品可能非常宝贵，但作为艺术品而言，业余画者的作品往往一文不值。我们的重要目的之一是让学生理解感受这一现象，防止他通过表面的、虚伪的、引人注目的、谋财的办法，把自己不值钱的作品伪装成一幅佳作。

因此，对于上层阶级的学生，我们的任务主要是把他们培养成为良好的艺术鉴赏家而非艺术家。即使给我一个月，而非一小时的时间，我也不可能完全描述我们国家上层或中层阶级缺乏艺术启蒙鉴赏能力的多种情况。这并不意味着这种品鉴能力无法通过手头练习获得：不会绘画的人无法详尽分析和评判画作；而是应将画作视为一种将注意力吸引到面前艺术品的精妙之处的方式，或是一种使他能够记录、比较自然事实的方法。我认为有一点极其重要，即呈交他的作品应经过严格把控。研究一位优秀画家直到理解他为止，你会从中收获更多信息，胜于肤浅地了解一千名画者。批评的威力不在于知晓许多画家的名字或作品风格,而在于能否辨别几位大家的长处。

反之,如果教学更明确地指向实际操作层面,那么我们就无须竭尽全力提高学生的品鉴能力。在多种现存的艺术形式中,学生知道得越少,就越有好处。我们应当重点培养他们对于大自然的敏感性;如有可能,还要通过某种意义上不利于他们提升鉴赏能力的方式来培养其想象力。学生的作品最好是粗放大胆的、令人愉悦的,而不是完美无缺的、谨慎小心的。

接下来,我将讨论第二个,或者说商业方面的问题。换句话说,在培训工人之后,我们如何促使他们创作出最好的、最宝贵的作品,借此与其他国家一争高下,或是在国内建立新的商业分支机构。

或许大多数人认为,大量的学校教育和讲座就能做到这一点;从海外吸取经验也可行;只要有耐心、时间、金钱以及善意,我们就能实现这个愿望。然而,上述这些方面中缺失了一项,或者说所有因素加起来,也无法达成目标。如果你想要真正优秀的作品,比如在世界范围内得到认可的作品,那么只有一个方法,而且困难重重。你也许会为此提供奖品，但会发现奖品也难以助你实现目标。你可能会派人了解相反的花样，但也会发现这些样式起不到任何作用。你或许会在国内每所学校讲授艺术的原则，但你也会意识到这些原则是无用的。你会耐心等待时代进步，但也会失望地认识到你的艺术是故步自封的。或许你会焦急地借助时代的发明创造以促成它的发展，然而你会发现无论是借助螺丝还是船桨，你的艺术战车依旧纹丝不动。我再说一遍，我们无法通过任何办法获得完美的艺术作品，只有一种最简单又最复杂的办法，即好好享受它。通过仔细了解不同国家的历史，你会发现这一重大又显而易见的事实就记录在上面——只有真正沉醉在艺术中的国家才可获得优秀的艺术作品。他们将艺术比作面包，以此为食；他们将艺术视为阳光，沉浸其中；他们为艺术欢欣跳舞，为其争吵、斗争、挨饿。事实上，他们的所作所为和我们截然相反，我们想着售卖艺术品，而他们却思索着如何能保存作品。

对于我们这样商业化的国家而言，这确实极其困难。我们从事这个行业的初衷就导致了这一行难以维持。使艺术品畅销的最重要的绝对性条件就是我们不以销售为目的进行创造；反之，一旦掌握了这种方法，我们要下定决心决不售卖作品。我们努力使作品受大众喜爱、价格低廉，让作品成为海外市场的一件好商品，海外市场总能出现更好的作品。但要记住，仅仅为了获得愉快而去创造作品，甚至要下定决心不是为了他人；之后你便会发现每个人都会想要你的作品。注意这一点，我们为了取悦自己而制造产品，却不理解愉快本身，这是一个难以克服的困难。举一个最直白的例子，我们都能理解，近年来在服装艺术方面，我们在丝绸款式上小题大做，想要和法国里昂竞争，旨在将伦敦打造成巴黎。当然了，我们或许会永远朝这个目标努力，但只要我们并未真正喜爱丝绸款式，我们就会一无所获。而且我们确实也不喜欢那些样式。每一位女士都希望自己的裙子合身且得体，但我发现，没有一位女士是因为喜爱丝绸而真正懂得欣赏丝绸本身的华丽。想知道她们是否拥有这种欣赏能力，就要看她们是否希望这件衣服穿在别人身上时也是一样的合身、漂亮。我推测在场的听众朋友身穿合适的衣服会心情愉快，甚至看见他人衣着得体也会感到快乐，你们是如此的无私，无论这种快乐是何种程度，这与美丽本身的快乐，以及丝绸褶痕和色彩带来的华丽与优雅有着天壤之别。

我刚获得了一条确切的证据，表明现代人的思想非常缺乏这种观念。今年夏季，我在都灵住了一段时间，为研究保罗·委罗内塞的一幅作品。作品主题是示巴女王同所罗门国王的会面。画中最值得注意的特点之一是丝制服装展现的华贵与光彩，尤其是一条白色锦缎，上面饰以金色图案，这便是我去都灵主要模仿的内容之一。或许你会惊讶于此，但我顺便提一下，我和所有优秀的学生和画家一样，都有欣赏服饰款式的嗜好。弗拉·安杰利科、佩鲁基诺、约翰·贝鲁西、乔尔乔内、提香·韦切利奥、委罗内塞、莱昂纳多·达·芬奇，无论上述画家属于哪一派别，在其他方面存在多大的区别，他们都喜爱各种衣服风格。此外，越是卓越的画家，越能更加精美地画出样式。

正如我说的，我在都灵停留，学习这种白色锦缎的绘画工艺。通常而言，在公共画廊里，最不突出的位置却摆放着最伟大的作品。然而，委罗内塞的那幅作品不仅高高悬挂，而且挂在通往画廊的必经之门上方，人们难以忽视它，虽然他们可能无法理解这幅作品。为了研究便利,我在门旁搭建了一个台子,台子有一定的高度,且隐藏在角落里,如此一来,我便可以观察人们驻足欣赏这幅作品时的表情而不被发现。在我看来,任何一件艺术品都能引人注目,这幅画作也必定如此。它的尺寸很大,着色亮丽,主题也易于接受。画中大约有二十个人物,主要角色与真实人物等身。在我迄今为止知道的意大利艺术品中,这幅作品中的所罗门虽在阴影下,却最能表现一位年轻国王的才华横溢与风度翩翩。示巴女王是委罗内塞笔下最美丽的女性人物之一,其他次要的角色也颇具魅力和想象力。这幅画作实在过于精妙绝伦,以至于有一天我在高台上花了两个小时也依旧没能精准地描摹出两块锦缎的曲线。曾有大量英国游客前来参观画廊,即使他们没有注意到这幅作品,也一定会被那个地方的侍从引导至画作前。我花费了六周,才仅仅研究了作品中的两位人物,但英国游客只在该作品前平均停留半分钟或四十五秒。当然,他们选择自己想要欣赏的内容,也没有随意对待意大利;更有一些短暂停留或衣着时髦的游客,匆匆到此只是为了走马观花,仅仅一瞥之后,便把目光转向挂在右边的一幅拙劣的风景画，画中有一堵用力描绘的白墙，以及一条暗淡无光的绿色壕沟。然而，最令我印象深刻的是，没有一位女士驻足欣赏委罗内塞作品的人物服饰。显然，商店售卖的衣服根本无法与画中的服装媲美，但无人注意到这一点。有时，当相貌靓丽、双目明亮的女孩来到这间屋子，我便会观察她的一举一动，心想"快来到这幅画前，至少你要看看示巴女王的衣着"。遗憾的是，她并未这样做，只是随意过来，微微仰头，似乎表示"这个房间里只有我最好看"，然后穿门离开。

实际上，我们并不关心画作，确实如此。我们参观皇家学院的艺术展览，仅是为了有谈资或打发休闲时光；因为种种原因，我们中的富人购买了一至两件作品，比如为了装饰通道角落，或是在晚餐前衬托一下客厅交谈的氛围，有时也因为某位画家流行，或是因为他穷困潦倒，还常有一种情况，我们会搜集绘画作品，正如搜集矿石或蝴蝶标本一样。当然，最好也是最少的情况是，我们因为喜爱画作而加以收藏，这与喜欢精美扶手椅或新制成的醒酒器无异。但恐怕很少有人体会过因真正热爱一件作品而得到它时的那种狂喜之情。

我担忧的是，我们对绘画艺术的漠不关心不会轻易改变。即便应当扭转这种局面，我们也需开始适当地学会欣赏画作，优秀作品的数量也应增加，在这种情况下它们会增多——但接着会出现另一个问题。或许今晚的某些听众，对我偏爱自我否定有所耳闻。我希望我真是这样。我还未遇到过一个亟待解决的重要问题，不像二次方程那样需要至少一个正根和一个负根。大多数情况是，所有重要的事情都包含三四个方面，或者多个方面；如果人们想坚持自己的观点，就要围绕这个多边形慢跑。对我而言，至少要自我否定三次，我才会因妥善处理问题而心满意足：今晚我必须自我否定一次。我刚提到，只有当我们真正享受艺术时，我们才能获得优秀的作品。接下来，我想说，同样毋庸置疑，只有克制对艺术的喜爱，我们才能创造出完美的艺术作品。我们首先必须热爱艺术，其次才是对其加以约束。

这听上去有点奇怪。但我可以保证这是真实的。事实上，如果有的事情听上去不奇怪，你反倒会质疑它的真实性，因为所有的真相都是精妙绝伦的。以一个听起来自相矛盾的物理问题为例。假设你以天文学向一位年轻学生解释地球如何在轨道上保持平衡；你会这样对他说，不是吗？地球总是趋向于靠近太阳，同时也存在远离太阳的运动趋势。在理解地球运动之前，学生需在闲暇时好好理解这两种恰恰相反的说法。与之相似，当我们把艺术设定在其真正可用的轨道中时，一方面，它会在明亮愉快的吸引下运动；另一方面，它会带着要做点有用之事的顽强道德目标前进。若艺术家工作得不快乐，他会消逝进太空，毁于寒冷；若他仅为乐趣而工作，那么他将飞向太阳，化为灰烬。总体而言，后者就是艺术家的命运，我并非想说这很恐怖，而是，迄今为止艺术遭受了许多磨难，许多伟大的国家也是如此。

从历史中你们会认识到，只有真正从艺术中获得快乐的国家才能创造出艺术，毫无疑问，甚至你们会清楚地意识到艺术会破坏一些国家的力量和生命力，因为那些国家仅为享乐而追求艺术。当你们了解世界上伟大国家的成就时，你一定会对事实感到惊讶。你会想到一个严肃的问题，即使是现今，我们还要追求那似乎会腐蚀灵魂、麻木精神的快乐到何时呢？我一直抱怨英国轻视艺术；但我或许应该更公正一些，抱怨英国并不是蔑视艺术而是畏惧艺术。自世界形成以来，摧毁国家的根源是什么呢？瘟疫、饥荒、地震还是火山喷发？这些都不足以毁灭一个国家，从地球上抹去它的名字。然而，在每个国家衰落的时间和地点，你会看到其他的、真正产生作用的原因，例如奢靡、柔弱、对快乐的沉迷、艺术中的典雅以及对享受的创新。我们从古典作品、古代历史中能汲取什么经验，以传授给年轻一代呢？答案就是，简朴的生活、语言和行为举止都会赋予国家力量；奢侈的生活、精湛的语言、优美的动作都会打击、毁灭一个国家。当人们一无所有、别无所求时，他们便会变得勇敢、高尚；当他们鄙视奢靡艺术，而被其他国家视为野蛮人时，他们会势不可当、开疆拓土。但当他们对风雅变得敏感，更快速地追求享乐时，金色的权杖便立即从他们曾握武器的手中掉落。在这方面，我毫不夸张，再怎么明显地、普遍地强调这一事实也是合理的。野蛮、简朴的国家一直都比精通艺术的国家更具美德和有利条件。看看波斯人是如何打败吕底亚人的，看看雅典人又是如何推翻波斯人的，以及雅典人是怎样被斯巴达人打败的，之后优美的希腊又是如何被更凶残的罗马人统治,罗马人在变得文明之后又如何被哥特人镇压。在中世纪的转折点,一小群山林牧羊人最初宣告了欧洲的解放,实践着基督教美德,最好地证实了它的教义,虽然他们没有艺术、没有文学,几乎也没有语言,但依旧在日耳曼骑兵团的铁蹄下守卫了领土,未受到罗马等级制度的影响而腐朽堕落。

因此,总结一下上述内容,如果想发展英国的艺术,我们需要做到以下两件事情:首先是必须享受艺术,其次是要引导艺术为严肃的主题服务。这里提及的严肃,并不一定专指道德,主要考虑艺术的实用性,而是还包括除了自私、粗心或好逸恶劳之外的内容。在结束本次演说之前,我确实想要思索出几种方法,这些方法在我看来能使艺术严肃认真、实际地作用于我们文化事业的发展。我曾希望告诉大家,我们尚未用艺术记录下很多伟大的自然现象;因为没有记载,人们忘记了众多欧洲重大的历史事件,而我们需要的只是真诚、简单、勤奋、钟情地绘画而已;有多少令人印象深刻的历史事件发挥的警示作用还不及一半,仅仅因为画家们想基于想象而非事实进行创作,他们不是想还原历史事实，而是为了吹嘘国家荣耀。我曾希望告诉大家有太多优秀的人毁于轻浮和耽于声色，因为缺乏对更纯粹的美的沉思，以及高尚思想与炽热而神圣的人类激情的结合。最终，我们会失去大部分的宗教信仰力量，因为我们的艺术没有以某种理性的、可能发生的、可相信的方式呈现那些神圣的历史事件，就像它们清晰可见、易于理解地发生了那样。但至今，我不敢表达这些愿望。在反复思考之后，我深感还没到提出它们的时候，但我相信那一刻快要降临。但现今，人们只愿意批判自己的虚荣、幻觉和盲目的幻想，他们只会空谈冒险追求更高的、由艺术为人类保留着的福祉。虽然现在还没有这样做的必要：我们所求的不过是每天一定要认真、明确地学习渐渐对我们开放的课程，出于严肃的目的严肃认真地对待它们，而不将它们视为儿戏。最后，我呼吁所有新来的学生，要对将追求艺术作为业余艺术爱好这种观念有清晰的认识：它可以给你带来快乐，正如阅读使你感到兴奋一样——但你从不会将阅读视为业余艺术爱好；就像你从学习物理科学中获得愉快一样——但你不会将物理科学视为业余艺术爱好。如果你下定决心，要把艺术看成一种游戏或娱乐方式,请立即放弃从事艺术,这样做对你毫无益处,而且会使他人贬低我们的艺术追求。更重要的是,与其走进画廊只为闲逛嬉笑,还不如永远都不要走进去;与其手握画笔只为自鸣得意于小机灵,那么还不如从未拿起;与其恰好达到在伟大作品中找出瑕疵这种水平——例如推测某种合理的色彩,或是在某种精湛的绘画表现手法方面有分歧,那么还不如对画作完全不感兴趣、一点儿也不了解绘画。综上,只要这些学校教授的是大学低年级学生,我便会一直为此辩护。所有以从事体力劳动为生的人都不大可能会认为,他们学习某种其他的艺术是为了打发时间,但业余爱好者是这样认为的。这一点最为重要,而且对于教学生理解绘画的实质内涵至关重要。我们不要过于强调教授学生如何画出好的作品,而是也要让他们能够鉴赏别人的优秀作品。我之前也提到过,从严格意义上说,业余爱好者无法绘制出一幅好的作品;换句话说,好的作品对创作者以及其他人来说都是有价值的,而且唯有当他一开始就知道自己的能力范围以及能达到的水平,了解权威的、严格的、永恒的、无限的事实法则,他才能画出优秀的作品。我并非危言耸听,如果真能被此吓唬到，说明他已经很厉害了。除非我们的希望使我们蒙羞、让我们畏惧，否则我们无法理智地期望或真正地理解。不但如此，我再进一步大胆说明一下，你们在这里主要教会学生的，与其说是他们能做什么，不如说是他们无法做到什么；要让他们看到，大自然中存在很多无法被模仿的事物，人类也有很多无法效仿的东西。只有当他意识到其所有作品不过是无法传达之荣光的无力象征，不过是他带着愈发浓烈的钦佩，对上帝在伟大智者与凡人之间设立的宏阔而不可逾越的鸿沟的无力的衡量时，才能说他真正接受了艺术的熏陶。人们通常情况下获得的所有艺术成就，唯有出于对自然风貌本身的单纯喜爱，以及神圣而忘我的崇拜，才能真正达到顶峰。在面对比自己更崇高的人类精神时，这种崇敬将会演变为高贵的局促不安和兴奋的颤抖。

⇥ 国王的宝藏

> 你们每个人都将获得一块芝麻蛋糕，以及十英镑。
>
> ——琉善《渔夫》

今晚，我先请求各位谅解这一不太明确的演讲题目：事实上，我既不会谈论在位的国王，也不会谈论代表财富的宝藏；但我想谈谈另一种形式的王权和物质财富，人们通常对该形式并不认可。我曾想先吸引大家一会儿，（如同有时设法带着一位朋友去观赏自己最喜爱的风景）用这种笨拙的小伎俩来隐藏最想展现给大家的内容，最后我们通过蜿蜒曲折的小路，出乎意料地领略到了最优美的景色。但是，我也曾听那些有丰富公共演讲经验的人说，若发言者没有提示他的意图，这会使努力跟上讲话人的听众精疲力竭。所以，我要立即揭开这层薄薄的面纱，坦诚地告诉你们，我想和你们探讨书中蕴含的"宝藏"，以及我们发掘它们的方式、丢失它们的原因。你们会说，这是一个既严肃又宽泛的话题！确实，正因其过于宽泛，我不会试图面面俱到，而是只和大家交流一些对阅读的简单看法。我在观察大众思想变化的过程中，发现教育途径日渐拓展，人们的文学培养水平也不断提高，我越发深刻地意识到这些观点的重要性。

恰巧，我和多所学校不同年级的学生联系过，我也收到了家长们关于孩子教育的多封来信。我从这成堆的信件中发现，家长们尤其是母亲会最先考虑"社会地位"问题，这一点令我震惊。家长们在信中一直强调，"适合某种社会地位的教育"。然而，据我了解，他们从来不会寻求本身优秀的教育，甚至很少谈及教育的抽象正当性的理念。然而，他们跪地祈求的教育不过是一种"能让孩子身穿高档衣服；让他自信地站在双铃门前按下访客的门铃；最后让他拥有一栋装有双铃门的房屋；总之，能提升孩子的生活品质"的教育。这群家长似乎从未想过有一种教育,这种教育本身就是提高生活水平;他们也未想过,所有其他教育可能都将走向消亡。如果开展方式合适,前一类教育可能比家长们想象中的更易得到或给予;若方法不恰当,无论付出多大的代价和支持,家长们也无法获得这类教育。

的确,我认为,在世界上最繁忙的英国,最盛行、最起作用的观念就是"提升生活品质"。至少,人们对此已直言不讳,并将这种理念作为激励年轻人努力的最合适动机进行宣传。我想请你们一同考虑一下,这种思想实际包含了什么内容,以及应当涵盖哪些内容。

实际上,就目前来看,"提升生活品质"意味着某人在生活中更加杰出,取得一个众人认可、令人尊敬的或体面的社会地位。一般而言,我们不会认为这种进步仅停留在积累财富的层面,而是要让别人知道我们赚钱了;并非实现了某个伟大目标,而是要让大家看到自己实现了目标。总之,我们渴望从他人的赞美中得到满足。对于高尚的人而言,这种欲望不值一提,但对于思想薄弱的人来说,却是最明显的缺点;而且总体上,这种想法对普通人影响最甚。人们付出了巨大的努力，但总是出于对赞美的追求，这就像追求享乐会导致最严重的灾难。

我并非想抨击这种冲动心理，或是为其辩护。我只是想让你们明白它是如何影响我们努力的初衷，尤其是针对现代社会的所有奋斗。这是一种虚荣心的满足，这种虚荣心是我们辛勤劳作时的兴奋剂，也是安神的止痛药。这种虚荣心与我们的生命源泉息息相关，因此，当虚荣心受到损害，我们会把它说成（而且是真正的）**致命**打击；我们称之为"坏疽"（mortification），该词一般是指身上腐烂的、无法治愈的受伤组织。尽管部分人可能达到医生的水平，足以意识到这种热情对健康和精力的多种影响。但是我相信，大多数诚实的人都了解并且会立刻承认，它最重要的作用是一种动机（motive）。海员不会仅仅因为自己比其他水手能更娴熟地操控船只，而渴望成为一名船长。他只会因想要**被称为**"船长"，而成为船长。同样，牧师通常不会因为自己比其他人更坚定地引导主管教区解决各种困难，而希望升为一名主教。他主要是想被人称呼为"大人"，才想成为主教。即使一位国君认为唯独他掌权才能更好地为国家服务，他也不愿扩张土地、侵略其他王国；但简单来说，只有当他想要被尽可能多的人尊称为"陛下"时，他才会这样做。

这是"提升生活品质"的主题。对于所有人而言，根据我们的身份地位，它的影响力主要应用于这种提升的次作用，即我们俗称的"跻身上层社会"。我们要实现这一目标，不是为了空有一个身份，而是为了让他人知晓我们身为上层社会的一员；我们对"上层"的理解主要取决于它的引人注目。

希望你们原谅我，我想先停一会儿，谈一个你们可能认为毫无关联的问题，若无法感知或了解听众是支持还是反对我，我将无法继续演说：一开始我并不会太在意这一点，但我必须知道他们的立场。此时此刻，我必须知道，你们是否觉得我贬低了人类普遍行为的动机。今晚，为了让大家更相信，我决定尽量低估这些动机，因为每当我在关于政治经济学方面的书籍中，把一丁点诚实、慷慨以及其他可称为"美德"的内容，视为人类行为的动机时，人们总会回答我说："你不能指望那些内容，它们不是人类的本质属性；除了贪婪和嫉妒，你想不出人类还有其他的共同点。除了偶然在商业以外的什么事务上，人们会有点其他的情感。"因而，今晚，我便从低水平的动机开始讲起,但我必须知道你们是否认同我的观点。因此,我想问问,有谁认同,热衷于被赞美通常是人们不断追求进步的最强烈动机,而诚实尽责完全是次要的?请同意的听众举手。(**大概十二个人举手,一部分听众不确定我是否认真,还有部分听众羞于表明态度。**)我很认真地提出这个问题,因为我确实想知道你们的想法。然而,我可以通过提出相反的问题进行判断。有哪些人认为尽职尽责是最重要的,其次才是追求表扬?请举手。(**据说只有我身后的一位听众举手了。**)很好,看来你们都同意我的看法,你们并不认为我过于低估了动机。现在,我就不提更多的问题来戏弄你们了。我大胆地预测一下,你们至少认为承担责任是次要的或第三重要的动机。在大多数人追求提升的愿望中,尽管你们认为完成有价值的事情或获得真正的利益是次要的,但它们确实是现实存在并且可以间接获得的。你们肯定同意,适当诚实的人想要得到地位和权力,至少在一定程度上是为了行善的权力;它们希望结识理智博学的人,而非愚蠢无知之辈,不管他们是否被别人看到与明事理的人在一起。最后,我想不必重复朋友的珍贵以及伴侣的影响力,这些都是老生常谈的内容。毋庸置疑，你们会承认，我们是否真心希望自己的朋友真诚且聪颖，是否与他们和我们互相选择时的认真和慎重相称，这些都决定了我们的生活是否充满幸福和价值。

但是，即使我们有决心和意识去选择朋友，我们中也鲜少有人拥有这种能力。或者，至少在多数情况下，供我们择友的范围极其有限。几乎我们所有的联系都是在偶然或必然的条件下建立的，而且还被限制在一个狭小的范围内。我们无法预估会和谁成为朋友，同样也无法知道在我们相识的人当中，在最困难的时候，谁无法出现在我们身边。所有更高一级的人类智慧圈，只会短暂、局部地向更低层次的人开放。如果幸运的话，我们或许能目睹某位伟大诗人的风采，聆听他的声音；或是向某位科学家提问，他能和气地解答。我们也可能打扰内阁成员十分钟，得到比沉默更糟糕的欺骗性回答；或是在生活中遇上千载难逢的机会，在公主行走的路上投去一束花，或捕捉到女王和蔼的一瞥。然而，这些都是我们垂涎已久的短暂机会，为此我们投入了数年的时间、激情和精力；而与此同时，有一个社群一直对我们开放，只要我们愿意，他们会和我们进行交流，他们不会在乎我们的社会地位或职业；他们会选择最动听的语言与我们倾情沟通。因为这个群体的人数规模很大，成员性情温和，能陪我们一整天；国王和政客耐心地来回走动，不是允许你的觐见，而是要求正式拜见！他们在装潢简单又狭窄的接见室里、在我们的书架上，我们并不把他们当回事，或许一整天都未听到他们说一句话！

你们也许会告诉我，或者内心是这样想的，我们对这群高贵的、渴望我们倾听他们讲述的人漠不关心，却热情对待一群卑鄙的、轻视我们或学识低于我们的人，这是因为我们真正想要熟悉的是这些血肉之躯的面容，仅仅是他们本人，而非他们所说的话。然而这也并非事实。试想，你们从未见过他们的真容，或是在内阁政客的密室或王子会客厅里放置一道屏风，而你们不可以越过这道屏风，难道你们不愿意去听他们交谈吗？如果屏风缩小，被对半折而不是四折，你们可以藏在两块包裹书籍的板子后面，一整天都听他们说话。这可不是闲谈，而是倾听最有智慧的人精心策划的、坚定的、有选择性的演讲内容。通过这种倾听的方式听到受人尊敬的枢密院内的言论，你们竟然会不屑？

但你们可能会说，这是因为活着的人谈论着正在进行的事，而你们只对这些感兴趣，你们渴望听到这些内容。不对，情况不是这样的，因为比起随意的交谈，健在的人更能在他们的著作中讲述清楚发生的事。然而，我必须承认，如果你偏爱那种风靡一时、转瞬即逝的作品，而非耐人寻味、饱含持久魅力的作品——准确来说是书籍，那么这种动机确实会影响你。所有的书籍都可分为两种类型，短暂之书和万世之书。请注意一下两者之间的不同，这不仅关乎书的质量方面。不单是坏书难以留存，好书可以流传。这实质上是种类的不同。好的书籍不仅能轰动一时，还能流传百世；不好的书籍亦然。在我深入探讨下去之前，我必须先阐释一下这两种类型。

流行一时的好书，就是将某人有用的或令人愉快的谈话内容刊印出版，而你不可能和这位人物进行对话，这里我不提及坏书。这些内容通常十分有用，告诉你该了解些什么；往往也十分有趣，如同一位智者友人和你沟通。这类书籍主要包括轻松愉快的游记、幽默诙谐的问题讨论、生动或悲惨的故事小说、历史亲历者讲述的离奇故事。随着教育的普及，这些书籍的数量会激增，成为这个时代特有的精神财富。我们应当对这些书籍心怀感激，如果没能充分利用它们，应感到愧疚。但同时，如果我们让这类书籍取代了真正的书籍的地位，这种利用便是十分糟糕的。因为，严格意义上来说，它们都不能被称为"书"，不过是包装精美的书信或报纸。可能我们朋友的信件今天读起来很畅快或有必要：它们是否值得长期留存却有待讨论。早餐时，阅读报纸可能再正常不过，但我们不可能一整天都在读报，这一点是确定的。因此，尽管装订成册，长信欢快地描述了去年某地的小旅馆、街道、天气，或告诉你一个逗人笑的故事，或描述了某些事情真实发生的环境，无论它们能偶然地产生多么有价值的作用，也不能成为真正意义上的"书"，或在真正意义上"值得阅读"。从本质上来讲，一本书是写出来的，不是说出来的。写这类书，作者不仅为了交谈，还为了让其流芳百世。出版谈话类的书籍仅是因为作者无法同时和上千人进行交流；如果可行的话，他会这样做的，这些书籍不过是他扩大声音的手段。你当然无法和印度朋友直接交流，如果可以的话，你会去做；因而你用笔头书写替代，这仅仅是为了传递声音。但撰写一本书不应仅仅是为了扩大或传递声音,而是要使其永存。一位作家表达了一些他认为真实又有价值的,或是美妙的内容。据他所知,无人谈论过,也没有人能够说这些事情。他必然会提及这些,尽可能清晰、动听地讲述所有事件。回顾一生,他会发现自己十分了解这件事情或者一部分事情;这是他沐浴的阳光、脚下的土地赋予他的远见卓识。他会很乐意把这些记录下来,可能的话,将其刻在岩石上,说:"这是我最好的作品;至于其他,如同他人一样,我吃喝睡觉、敢爱敢恨;我曾经虚度光阴,但现在不会了。我意识并了解到,如果我有什么东西值得你们纪念,那肯定是这本书。"凭借自己的力量和无论何种程度的灵感,他刻写了这样的铭文或经典作品。那样才能称为一本"书"。

或许你们认为,没有哪本书是这样写就的吧?

但我想再问问你们,你们确实相信诚实或善良,还是相信智者从来都缺乏诚信或仁慈?我希望,我们当中没人愿意抱有第二种想法。当然,智者的作品无论多么微小,只要作者是以真诚或善良的态度完成的,就能算作书籍或是艺术作品。但它总和其他低俗、冗长、虚伪的作品杂糅在一起。但是如果你能正确阅读，你将很容易发现其中的精华部分，那些才是真正意义上的书籍。

不同时代的伟人都创作过这类书籍，包括伟大的领袖、政治家和思想家。这些书可由你们任选。但生命转瞬即逝，你们也曾听过这种说法。不过，你们曾为短暂的生命及其发展潜能认真筹划过吗？你们可知道，如果你们阅读了这些书，那么你们就不能再读其他书籍，如同你们今天失去的东西，明天也无法弥补回来？当你们与王后、国王交流时，你们还会和女佣或马夫交头接耳吗？如果你们能够走进这样一所永恒的王宫，和上流社会人士交谈，大开眼界，人才济济，与不同地方、不同时代的精英在一起，你们还会抱着得到他人尊重的希望和饥饿的百姓挤在一起，一会儿争夺王宫的入场许可，一会儿又去争当观众吗？你们随时都可以进入那里，在那里可以随意获得友情和地位。一旦进入那个地方，除非自己犯错误，否则不会被驱逐。凭借在那里认识的上流贵族，你内在的贵气无疑将受到考验，那些已在高位、拥有真理和真诚的逝者将会考验你们努力跻身上层社会的动机。

我也必须说，"你们渴望的地方"也就是你们准备好要获得的地位。因为,大家注意到,这座古老的王宫与曾生活于其中的贵族完全不同——前者只允许劳动和美德进入。不会被财富贿赂,不会屈于任何威名,更不会让心怀诡计的守卫人守护乐土的大门。在更深层意义上,大门永远不会对卑鄙庸俗之辈敞开。在寂静的法国巴黎圣日耳曼郊区的帘幕上,有人写着简短的问题——"你值得拥有进来的权利吗?通过这扇门。你想要结识贵族吗?先让自己变得高贵起来,这样才能实现愿望。你是否渴望同智者交流?先要学会理解沟通的内容,之后才能听懂。还有其他内容吗?没有了。如果你们不会站起来接待我们,我们是不会屈尊于你们的。健在的贵族会讲究礼节,哲学家则会特别耐心地向你解释他的观点。但在这里,我们既不会捏造事实,也不会解释;只有提升到我们这个境界,你们才能对我们的思想感到欣喜,分享我们的感受,意识到我们的存在。"

这就是你必须完成的事,我非常认同这个看法。总而言之,如果想成为贵族中的一员,你必须先爱戴他们。仅有野心是不够的,他们反而会嘲笑你的野心。你需要爱他们,并通过以下两种方式表达:

（1）首先，真诚地向他们求教，再进入他们的思想中，要学会观察；而不是在他们的书籍中寻找你自己的观念。如果作者不如你们聪慧，你们就不用阅读他的作品；反之，在很多方面，他的想法与你们的都有不同之处。

（2）在谈论一本书时，我们会说："这本书很棒，内容和我的想法一致！"但你们应该感觉到的是，"这真是奇怪！我以前怎么没想出这样的观点呢，不过我认为它说得有道理；或者如果我现在不理解，我希望将来能读懂"。无论这样是否显得唯唯诺诺，这至少能保证你们理解作者的想法，而不是在寻找自己的理念。如果你们认为自己有资格评价书中内容的话，稍后你们可以提出；但首先要理解这些内容。如果这是位有影响力的作者，你们要意识到你们不可能立即明白他的意图；不仅如此，无论如何，你们都要花很长的时间才能理解他的全部思想内涵。这不是因为他表述不清楚，没有选择深刻有力的措辞，以便读者理解，而是因为他无法一览无余地将思想展现出来；更奇怪的是，他也不想这样做，而是通过一种含蓄的、寓言故事的方式来表达，旨在了解你是否真正想要它。我不太明白他们为何这样做，也不理解为何智者倾向于保持无情的沉默，隐藏自己更深邃的思想。他们不会给予帮助，但会以鼓励的形式把思想传递给你们。他们在确定你们有资格后，才会让你们接触到思想内容。这就同智慧的物理形态——黄金一样。你我都认为地球的电力可将其拥有的所有黄金运到山顶，国王和百姓或许会知道他们需要的黄金在那里，无须挖掘的麻烦、烦躁以及机遇和漫长的等待，就可直接取走，而且想造多少钱币都可以实现。然而，大自然不是这样安排的，她把黄金都掩藏在大地的细缝中，无人知晓。你们可能花费了很长时间挖掘，但一无所获，必须非常艰难地挖掘才能有所收获。

对于人类的最高智慧也是一样。当你碰上一本好书时，你必须问自己："我有意像一名澳大利亚矿工那样工作吗？我的镐和铲子都摆放正确吗？我是否穿戴整齐？我的袖子是否卷到肘处？我的呼吸是否顺畅？我的心情是否足够冷静？"之后保持这个状态，时间久一点，即使感到疲惫，这也是非常有用的。你们正在寻觅的宝藏是作者的思想观念，他的语言如同岩石一般，你们必须将其捣碎、精炼之后才能理解。你们的镐体现了谨慎、机智与学问，熔炉展现了你们深思熟虑的灵魂。没有这些工具和烈火，你们就不要奢望获得伟大作者的思想。只有通过最锋利、最精细复杂的凿切和最耐心的熔化，你们才能得到一点宝藏。

因此，首先，我很真诚、可靠地告诉你（我认为我的做法是正确的），你们必须养成细致关注字词的习惯，确定完全明白其中的意思，理解一个个音节、一个个字母。尽管因为字母符号与声音符号分别有着对立的作用，人们将针对书籍的研究称为"文学"，而精通文学的人则被称作"文人"，而非"书人"或"字人"，一些国家同意这种说法，你却可以把这无意间获得的术语与一个事实联系起来，或许你可以读遍大英博物馆的所有藏书（若你的寿命足够长久），但还是一个彻底的"文盲"、没有受过教育的人；但如果你能逐字阅读一本好书的十页内容，即做到真正准确地理解，那么在某种意义上，你今后就是一个受过教育的人。是否接受过教育的区别（仅限理解能力方面），全在于其精准度的高低。一位受过良好教育的绅士也许没有掌握多种语言，除了母语也不会说其他语言，也未曾阅读大量书籍，但无论他会何种语言，都能做到精准理解，还能正确发出每个单词的读音。总之,他还清楚这些单词的谱系,一眼就能看出当代底层人民使用的单词的真正传统与古老血统;他还记得单词的祖先、近亲、远亲,以及在何种程度上,这些单词被任何时代和国家的贵族所接受。但一个未受过教育的人也许能凭借记忆学会并使用多种语言,然而并不了解其中词汇的真正含义,对自己的母语也是一样。一位才智平平的海员可以在大多数港口停泊,但他一旦使用某种语言说话,便会被发现他未曾接受过教育。同样,说话的口音以及句中表达的变化,都可以展现一位学者的水平。对此,受过教育的人都已经深切地感受到,并完全认可了。在文明国家的议会中,只要一个人说错了一处重音或音节,就意味着他永远都要在某种程度上低人一等。

这是对的;但令人遗憾的是,我们对精确性的要求不够强烈,还未将其应用于严肃的目的。的确,一个拉丁文的错误发音会在下议院引起讥笑,但我们对一个英文单词的错误读音却不在乎。大家都要密切关注单词的发音和意义,这样即使更少的词语也能发挥作用。当有人含混不清地表达时,我们可精选一些单词加以说明,这样会起到事半功倍的效果。是的，如果没有注意到单词的错误使用，可能会造成严重后果。目前，欧洲出现了一些发音低沉、潜伏在各处的、具有掩饰作用的单词。过去，这些单词并不多见，但现在，由于到处都有肤浅、肮脏、浮躁、具有传染性的"信息"或曲解，加之学校教授教义问答手册和词汇内容，而不是现实的语言，这类词汇的数量与日俱增。在国外，没人能理解这类戴面具的词语，但每个人都在使用，而且大多数人为之奋斗、生存，甚至为之牺牲，想象着它们代表这个或那个的意思，或是他们喜欢的其他事物。这些词语拥有变色龙的伪装，"地狮"的披风，它们的颜色就如同人们想象中大地的颜色一样，它们在地面上等待，跳跃起来再将你们撕碎。没有比那些戴面具的词语更有害的猎物、更狡诈的外交官、更阴险的投毒者了。它们是人类所有思想的不义管家，无论是最珍贵的想象力还是本能，人们都交由他最喜欢的戴面具的词语掌控；而最终，这些词语用无限的力量把人类控制住，以致如果没有这些词语，人类都无法交流。

像英语这样的杂交语言，会给予人类一种致命的、含糊其辞的力量。无论是否愿意，人们总可以使用希腊文或拉丁文词语,表达有威严的观念;如果想变得粗俗,则可使用撒克逊或其他常见的词汇。例如,如果我们保留或者放弃将希腊文的"biblos"或"biblion"作为"书"的正确表达形式,不是在我们想使某种思想变得高贵时使用,而是在其他情况下把它翻译成英文,那么这种行为会对因"字"的权力而依赖"字"的形式生活的人们,产生多么独特而有益的影响力啊。如果在这个地方,例如《使徒行传》第19章第19节,我们保留了希腊文的表达形式,而没有将其翻译成英文,文中这样写道,"不少修行邪术的人在众人面前把《圣经》烧掉了。他们计算着价钱,便知道这值五万锭银子",这话对于许多朴素的人而言,是多么有益身心健康啊!或者,另一方面,如果我们把保留的内容译成英文,称之为"圣书"(The Holy Book)而非"圣经"(Holy Bibu),虽然这样会使这本书拥有比现在更广的受众范围,但是"天的存在来自神的言语,同样也因神的言语,天得以被保留下来"[1],这种话是无法用羊皮装订起来作为礼物送人的,同样也不能在蒸汽耕犁或蒸汽压榨机的辅助下在道路边播种。然而,我们每天还是能接触到它,我们会傲慢地拒绝;每天都有人来向我们传递这种思想，而我们立即遏制这种势头。

因此，再思考一下，当人们出于善良想要表达得更强有力时，就在翻译希腊文词语"κατακρίνω"时，使用了发音响亮的拉丁文"damno"（审判）一词；当人们想说得温柔些时，就会用温和的"condemn"（谴责）来表达。我们不妨再考虑一下，这种做法会对庸俗的英国人产生什么样的影响。尽管不识字的牧师可能在翻译《希伯来书》第11章第7节或《约翰福音》第8章第10至11节的内容，如"拯救了自己的房屋，诅咒了整个世界""女人，没有人谴责你吗？她说，我的神，没有人。耶稣回答她，我也不会怪罪你，走吧，别再犯罪了"的时候会吓得倒退，可他在布道时所说的"不信神的人必将被定罪"，是多么出色啊！欧洲各国已经为思想的分歧付出了惨重的代价，为了维护各自的思想阵营，许多最高尚之人如无数落叶般被弃于疯狂的荒凉中，尽管在这些人看来，自己是基于更深层的原因才离开的。然而，欧洲已提出使用希腊文词语"ecclesia"来表示公众会议，以示对具有宗教目的会议格外尊重；还有一些其他模棱两可的情况，例如在通俗英语中使用

"priest"（牧师）来代替"presbyter"（祭司）。

如今，为了正确使用词语，你们需养成这样的习惯。你们语言中的每个单词几乎都源于其他语种——撒克逊语、德语、法语、拉丁语或希腊语（更不用说东方和远古的方言）。许多词汇都有这样的变化过程，即最初是希腊语，之后转成拉丁语，再后来变成法语或德语，最终演变成英语。在每个民族的口口相传中，这些词汇的意思和用法发生了一些改变，但其深层含义一直保留下来，即使是现在，出色的学者在使用这类词语时也能感受到这一点。如果你们不了解希腊字母，那么就去学习。无关年龄和性别，只要你想认真阅读（当然了，这说明你有些闲暇时间），那么你就可以去学习希腊字母；然后借助所有这些语言的优秀字典，一旦你对一个单词有所疑惑，就要耐心地翻阅查找。首先，可以仔细地阅读马克思·米勒的讲稿，之后不要放过书中任何一个引起疑惑的单词。这是很严肃的事情，但哪怕是在一开始，你们就会发现这很有趣，直到结束时也会尽情享受。你们在性格上的收获，在其力量和精确性上的提升将是无可估量的。

注意一下，这并不是要求你们了解或努力学会希腊语或拉丁语、法语。想要精通一门语言，可能需要花费一生的时间。但你轻易就能确定一个英语单词所表达的含义，优秀的作家也仍然会在作品中运用到这些词汇。

现在，为了举例，请你们允许我从一本真正的书中仔细阅读几行内容，看看能从中了解到什么信息。我选了一本耳熟能详的书，我们对里面的词汇非常熟悉，但很少有人认真阅读了其中的内容。接下来，我将读几行选自约翰·弥尔顿《利西达斯》的诗句：

> 最后一个来的，也是最后一个离去，
> 伽利略湖的领航者，
> 他带着两把沉重的金属钥匙，
> （金的开启，铁的迅速关闭）
> 他摇晃着主教冠冕，继续说道，
> 我如何才能赦免你，年轻的牧羊人，
> 我无法再忍受，他们为了果腹
> 爬行乞讨，闯入他人宅邸，甚至攀进了羊圈！
> 他们甚少关心其他事情，
> 除了在剪毛者的宴会上肆意争夺，

以及猛力推开受邀的尊贵宾客；
盲的人贪吃！自己根本不知道怎么握
牧羊杖，或是至少学会点别的什么，
属于忠诚的牧羊人的技术！
他们有什么顾虑呢？有什么需要？他们飞
驰而过；
当他们列着清单，他们奏着空洞又浮华的
歌曲
用以腐坏稻草制作的刺耳吹管，
饥肠辘辘的羊群看着，等待投食，
但是，风吹着肚子鼓胀起来，满是讨厌的
水雾，
体内早已腐烂，肮脏的传染病肆意蔓延；
还有恶狼伺机进攻
每天迅速吞噬，毫无声响。

让我们想一想这段话，仔细研究其中的用词。

首先，弥尔顿不仅指派圣彼得担任全职主教一职，同时还让他承担了新教徒最强烈反对的责任，这样的行为难道不反常吗？他那"戴着主教冠冕的"头发！弥尔顿并不是主教大人的追随者；那么圣彼得又为何"戴着主教冠冕"呢?"他带着两把沉重的金属钥匙。"这句话是否隐含着罗马主教的权力?或是弥尔顿在此仅为了诗歌的画面美而描写金钥匙的光芒,从而增强诗句表现效果呢?

这种想法并不合理。伟人从不会在生死定律方面耍花样,只有小人才这样做。弥尔顿说的内容就是他真实的想法;并且还不遗余力地强调这一点——在表达的时候,聚集了全身的精神力量。尽管弥尔顿并不支持假冒的主教,但他曾喜欢真正的主教;在他看来,湖泊的领航者才象征着真正的主教的权力。弥尔顿曾真诚地说过"我要把天国的钥匙给你"。他虽然是一名清教徒,但不会因为曾经的坏主教而删掉这句诗;不但如此,为了理解弥尔顿的思想,我们首先需要明白这篇诗文。我们要将这首诗视为反对派的武器,而不是用怀疑的眼光看待它,或是私下低声议论。这是一首庄严且具有普世价值的诗,所有的宗教派别都牢牢铭记于心。但或许我们再深入一点,就能更好地理解它。显然,文中对真正主教权力的坚守,是为了让我们更清醒地意识到如何遏制虚假的主教权力;或是通常来说,让我们明白虚假的权力和等级是怎样的,因为他们

"为了果腹爬行乞讨,闯入他人宅邸,甚至攀进了羊圈"。

绝对不要认为弥尔顿像其他不严谨的作家一样,为了补全诗歌而使用那三个词语。他确实需要这些词语,以起到点睛之笔的作用,"爬行""闯入""攀进",没有比这更完美的措辞了,再也加不进一个词语。因为这三个词语代表了三种类型和性格的人,他们通过欺骗的手段获取主教权力。一是"爬行"进入羊圈的人;全然不顾职位或名誉,只在乎秘密的影响,偷偷摸摸、狡猾地做一切事,支持任何表现奴性的祷告仪式或行为,因而可以近距离地了解并悄无声息地控制别人的思想。然后是那些"闯入"(即硬闯)羊圈的人,他们通过与生俱来的傲慢,强词夺理的行为,以及无畏又执着的独裁,来获取统治大众的权力。最后一种是那些"攀进"的人,他们通过顽强、全面的劳动和学习,自私地为自己的野心而努力着,换来崇高的尊重和权威,还跻身"世袭贵族",而不是成为"民众的榜样"。

我继续往下读:

他们甚少关心其他事情,

> 除了在剪毛者的宴会上肆意争夺,
> 盲的人贪吃!

我打断一下,因为这里有个奇怪的表达,人们可能会认为这是作者因疏忽大意或学识不足而使用的错误隐喻。

并非如此:这段大胆而有力的修辞是为了吸引我们观察并记住它。这两个单音节词表现出正好相反的人物,也就是教会中的两种主要成员——主教和牧师。

"主教"意味着"能看见的人"。

"牧师"代表着"能喂养的人"。

最不适合担任主教一职的人就是那些盲人。

最不能胜任牧师的人便是只知道贪吃的人——不会为他人提供食物,反倒想依赖他人喂养。

把这两种相反的方面放一块儿,就是"盲的人贪吃"。我们可以进一步解释一下。主教们对**权力**的渴望远甚于对**光明**的追求,这几乎造成了教会中所有的罪恶。他们只想得到权威,而没有先见之明。尽管他们可以有力地劝诫和斥责,但管理并非他们真正的职责所在。国王的责任才是统治民众,而主教主要是监管羊群，一只只计算着数量，全面了解它们的情况。如果主教尚未清点过，那么他无法了解羊群的灵魂。因此，主教的首要任务是至少把自己置于一种情况——他可以随时了解主管教区内每一个生命体从童年到现在状态的成长历史。在那条小街道的尽头，比尔和南希正在打架，甚至打落了对方的牙齿！主教知道这件事情吗？主教会关心他们吗？他能详细地告诉我们，为何比尔喜欢殴打南希头部吗？如果做不到这些，我们就不能称他为主教，即使他头戴如索尔兹伯里教堂尖顶那样高的主教冠；他并非主教，他总想着如何维护领导地位，而不是爬到桅顶上去眺望远处，他什么也看不见。"而且，"你们会说，"在小街道照看好比尔又不是主教的职责。"什么！在你们看来，主教的任务仅限于照料那些毛发丰满的羊群吗？同时（再看看弥尔顿写的内容）"饥肠辘辘的羊群看着，等待投食……还有恶狼伺机进攻"（主教大人对此一无所知），"每天迅速吞噬，毫无声响"。

"但我们心目中的主教并非如此。"或许不是，但圣保罗和弥尔顿眼中的主教却是这样的。他们或许是对的，我们也可能是正确的；但我们不能认为把我们的想法强加给他们,就是阅读一本或另一本书。

我继续读。

风吹着肚子鼓胀起来,满是讨厌的水雾。

这是为了回答那句俗话——"如果穷人不能照顾好身体,那么就关注他们的灵魂,他们便会在精神上得到满足。"

弥尔顿写道,"他们没有精神食粮;他们只有风吹着鼓胀起来的肚子"。一开始,你们可能觉得这是粗俗的说法,还有点晦涩模糊。但你们再仔细想想,这个表达非常精确。你们可以拿出拉丁文和希腊文词典,找一找"精神"(spirit)的定义。这是拉丁文中"呼吸"的缩写形式,意义和希腊文中的"风"一词相近。同样的词语还用在"风随意飘荡",以及"来源于神灵的每个人都是这样"等句子中;这是说诞生于气息,指的是上帝在灵魂和肉体上的气息。我们可以在自己语言中的"灵感"(inspiration)和"呼气"(expire)中找到气息真正的含义。现在,羊群可以感受到两种气息,分别来自上帝和人类。

上帝的气息是健康的、有生命力的、和平的，如同空气对于山上的羊群一样；但人类的气息——作者指的是精神，对于羊群而言是疾病和传染源，就像沼泽中的烟雾一样。羊群闻到之后，内部开始腐烂，逐渐鼓胀，如同腐烂后散发恶臭的尸体一样。所有虚假的宗教教义确实会导致这样的后果；最初的以及最后的，也是最致命的迹象就是"鼓胀"。改变信仰的孩子们教导着他们的父母；改变信仰的罪犯们教导着诚实的人；皈依了的傻瓜，生命的一半时光都处于白痴的麻木状态，突然意识到了上帝的存在，幻想着自己也和他特殊的子民和信使一样。每个宗教教派的信徒都认为他们才是最正统的，其他派别都是错误的，无论这个教派人数众多或稀少，是天主教或新教，是高级教派或低级教派。其中很明显的是，每个教派都认同一个观点，即只要正确思考而无须做正确的事情就能获得救赎，只要说话而不用采取行动就可获救，只需许愿而不用工作就能被拯救。所有这些教徒都是这些烟雾的真正产物——干枯的云朵；他们没有血肉，只剩下腐烂后发臭的皮肤：魔鬼像吹风笛那样吹起这张皮——腐败，正在腐败——"风吹着肚子鼓胀起来，满是讨厌的水雾"。

最后，让我们回到前面关于钥匙权力的诗句，现在便可以明白了。注意一下，在对权力的解读方面，弥尔顿和但丁创作内容的区别：后者只有一次在阐述思想方面显得弱一点；他认为**两把**钥匙都可以打开天堂之门；一把是金子做的，一把是铁制的：圣彼得把它们交给了守卫天使；而且但丁难以确定门前三级阶梯以及两把钥匙的含义。但弥尔顿认为那把金钥匙能开启天堂大门；另一把铁钥匙则是打开牢狱之门的钥匙，那里有邪恶的教师，他们一定会"带走知识之门的钥匙，自己却挤不进去"。

我们已经了解到主教和牧师的职责是照料和投喂；对于履行了义务的人，人们会说，"滋润了他者的人，也将被反哺"。但相反的情况也是合理的。如果他不浇灌别人，他也将枯萎；不照看别人，自己也不会得到旁人的关注——被关进永久的牢房。那所监狱的大门打开了，今后一直是这样：注定要进天堂的人都先在尘世间停留。上帝对代表坚贞信徒的强壮天使的命令是，"逮捕他，绑住他的手和脚，然后把他丢出去"。这里的"他"是指教师，因为他从不帮助他人,也拒绝真理,却坚持谬论;因此,他受到了比自己施加的束缚更多的限制,被赶到比他误导他人所到的更远的地方,直到最后他被完全关在铁笼子里,如同"金的开启,铁的迅速关闭"。

我想,我们已经可以从这些诗句中领会到一些内容,然而还有更多的内涵有待我们探索;通过举例解释这种逐字逐句的分析方式,也是所谓的"阅读"方式,我们在这一方面已下了足够的功夫;我们仔细观察每个单词的重音和表达,总是将自己置于作者的位置,抹杀了我们的个性,不断追求贴近他的个性,目的在于能确凿地说出,"这是弥尔顿的想法",而不是"我认为可能误读了弥尔顿的观点"。经过这一过程,你会逐渐减少在其他情况下对"我认为"的重视程度。你们将不会过于在乎自己的观点:你们对任何事物的看法可能都不是最清晰或明智的。实际上,除非你是一个佼佼者,否则你不太可能有什么想法;在任何严肃的事件上[2],你们不具备提出观点的资格:没有"思考"的权力,只能不断努力学习更多的事实。而且,极有可能在一生之中(除非,我曾经说过,你是一个非凡的人),你都没有对任何事情发表"观点"的合法权利,除了那些立刻由你控制的事情。毋庸置疑,你通常会发现必须要做的事,以及如何去完成。你需要把房间收拾得井井有条吗?需要售卖商品、耕地、清理沟渠吗?在这些方面,人们的看法是一致的;但如果要求你对完成这些事情有"想法"的话,这就很危险了。此外,除了你自己的事情,总会有一两件事需要你出主意。流氓行为和欺骗行为是会遭到反对的,一旦发现就会马上被赶出去;即使是在孩子们身上,嫉妒和爱吵架也是致命的倾向,更何况发生在成年人身上和国家之间。最后,天地之神都偏爱主动、谦虚、善良的人们,憎恨愚蠢、骄傲、贪婪、残忍的人;对于这些普遍的事实,你需要有自己的立场,而且必须强烈坚持。在其他如宗教、政府、科学、艺术等方面,你会明白,总体而言你一窍不通,也不懂得如何判断;尽管你受过良好的教育,你能做的最好的事就是保持缄默,并且每天努力变得更有智慧,学会理解更多他人的想法,诚实地做到这些,你将发现最聪明的人的想法不外乎是提出相关的问题罢了。他们十分清楚地描述问题,展现出优柔寡断的原因,这就是他们通常能为你做的所有事情!

如果他们确实可以"将音乐融入我们的想法,用神圣的怀疑使我们忧伤",这对于他们和我们来说都是一件好事。我刚刚给大家读的这句话并非由最好的或最聪慧的作家所写:他只不过是聪明地看到了他能看到的一切,因此,理解他作品的全部意义并非难事;但对于那些更加优秀的作家而言,你们难以彻底明白他们的作品;甚至连他们自己也无法完全了解,因为作品包含了太多内容。如果我要你们找出莎士比亚或但丁关于教会权威的观点,而非弥尔顿的看法,你们中有人现在就能对此发表哪怕是一点点想法吗?你们是否曾把《理查三世》中关于主教们的描绘与克兰莫大主教的个性进行对比?你们曾将对于圣方济各和圣多明我的描写与令维吉尔好奇凝视的那人的描写,"众多卑鄙有罪的人,在永远的流放中",或与站在但丁身旁的那人的描写,"像修士听背信弃义的杀人犯忏悔",进行过对比吗?我认为,莎士比亚和但丁比大多数人都更深刻地了解人类!他们两人都曾身处世俗和宗教权力的斗争中心。我们可以猜想,他们形成了自己的观点。但体现在哪里呢?把它们带上法庭吧!我们把莎士比亚或但丁的信条写成文章,再让宗教法庭去审判这些内容吧!

我重申一遍,即便过去了很长时间,你们也依旧无法理解这些伟大人物的真正目的和教义;但只要稍加坦诚地研究他们,你们就会意识到自己的"判断"仅仅是机会偏见罢了,见风使舵,毫无作用,和被抛弃的思想杂糅在一起;而且,你们将发现大多数人的思想只不过是粗糙的荒野,被人忽视,顽固,一半贫瘠,另一半长满了致命的、随风生长的毒草;对它们和你们自己而言,你们应当做的第一件事就是迫切而又蔑视地将这些全部烧掉;把这片丛林烧成朝气蓬勃的灰堆,之后再耕作、播种。要想一生都能理解真正的作品,你们就需遵守这条规则,即"开垦你的休耕地,**不要在灌木丛中耕种**"。

虔诚地倾听优秀的老师,这样你们或许能理解他们的思想,然而你们还能获得更大的进步——走进他们的心灵。你们第一次走向他们时,是为了看清他们的容貌,所以必须和他们在一起,这样才可能感受到他们正义且有力的热情。热情,或"感觉",我并不害怕这个词,更不用说它所指的事。你们听说了最近关于感觉的强烈抗议;但我想告诉你们，我们理应崇尚更多的感觉需求。是否拥有更强大的感知力可以区分高贵和卑贱的人类与动物。假设我们是海绵，我们可能难以获得感觉；如果我们是蚯蚓，我们随时可能会被铲子切为两半，那么，过于强烈的感觉对于我们并非益处。但作为人类，这一定是有利的；而且，我们之所以成为人类，是因为我们足够敏感，而我们获得的荣耀与热情成正比。

你们知道，我曾提过那座伟大又纯粹的逝者的宫殿，它不允许"自大或庸俗的人进入"。你们认为"庸俗"之人是怎样的？你们又是如何理解"庸俗"的意思的？你们会从思考上述问题中获得很多启发；但简而言之，庸俗的本质在于感觉的匮乏。单纯而无知的庸俗仅仅是未经训练和开发的身心迟钝；但真正的、天生的庸俗则是致命的麻木不仁，在极端情况下，这会使人形成残忍的习惯，犯下卑劣罪行，舍弃恐惧、欢快、憎恶和怜悯。正是迟钝的四肢、麻木的心灵、病态的习惯以及坚硬的良知使人类变得庸俗；人们庸俗的程度与怜悯心缺失、理解力迟钝等密切相关，而这一切感觉的强烈支持都源自身体与灵魂，最准确的描述词汇是"机敏"或"感知机能"：含羞草便有这种机敏，纯洁的女人比其他生物的感知能力都要灵敏；它是一种超越情理、细微而又丰富的情感，是理智的向导和净化器。理智可以判断什么是真实的：只有上帝赋予的人性激情才能分辨什么是善良。

于是，我们前往逝者的神圣聚集地，不仅要从他们那里知道什么是真实的，而且主要是要和他们一起感受什么是正确的。现在，为了同他们一道感受，我们必须像他们一样；对此，我们必须付诸努力。如同真正的知识需要遵守规律、进行检验，而非乍一想到的内容；真正的激情也须符合规律、受到检测，而不是一时兴起。否则，你们得到的仅仅是徒劳无功、错误和欺诈；如果屈服于它们，你们便会变得持久失控，在虚伪的激情中一无所获，直至你们丧失目标、筋疲力尽。我并不是指人性中存在何种感觉是错误的，而是指混乱无章的感觉是不对的。感觉的高贵在于它的力量和正义；当它虚弱且源于微不足道的原因时，它便是错误的。有一种拙劣的惊讶，比如一个孩子看到杂耍艺人抛出金球时产生的那种惊叹是很低劣的，你们应该会赞同我。但你们是否想过，当所有人都受到召唤去观赏制出金球的上帝之手在夜晚将球掷出时,他们心中的惊讶是低劣的感觉,还是感觉的缺失?这是一种低端的惊讶,如同孩子打开一扇禁门,或是一个仆人窥探主人的事情;而高贵的好奇心,是敢于在危险面前,探究横穿沙漠的伟大河流之源以及海洋对岸的伟大陆地之所在;还有一种更加高贵的好奇心,是探索生命河流的源泉以及天堂的位置,这些是"天使们渴望观察"的一切。因此,当你仔细思考一个琐碎无聊的故事的过程和灾难时,心中油然而生的焦灼是卑劣的;但当你一直关注或应当关注一个遭受灾难之国的生活和艰难国运时,你心中的焦灼不就变得更高尚了吗?唉,在如今的英国,人们真正应当谴责的是感觉中的狭隘、自私和细枝末节;赞美和高谈阔论、狂欢和宴请、虚假的战斗和毫无意义的木偶表演早已耗尽了我们的感觉;看着高尚的国家被侵略,一个接一个,我们不费吹灰之力,也没有痛哭流涕。

我前面提到了感觉的"细枝末节"和"自私",但足可以说是"不公平"或"不正当"。因为,我们能从一个方面辨别出绅士和俗人以及贵族(这样的民族曾经存在过)和暴民,那便是看看他们的感觉是否坚定而公平,是否是深思熟虑的结果。你们可以让暴民去做任何事情;总而言之,他们的感觉可能慷慨又公正;但这漂浮不定,没有基础,难以掌控;你们可以随意嘲笑或挑逗他们做的任何事情;大多数暴民像被传染那样思考问题,接受一个观点就像得了感冒一样,当疾病开始流行,任何细节都会被扩大;当疾病退却,哪怕是再大的事情也会被忘却。但是绅士或高贵民族的激情是公平的,有章可循且持续的。举例而言,一个伟大民族不会集全民智慧、耗时数月,只为权衡恶棍杀人的一个证据;更不会花费一两年时间看着他们成千上万的后代每天互相残杀,而仅仅考虑这种情况对棉花价格的影响,却丝毫不在乎战争的哪一方是不合道义的。伟大的民族同样也不会把可怜的孩子们关进监狱,仅仅因为他们偷了六个胡桃;也绝不允许那些盗窃了成千上万元的破产者以鞠躬的方式逃避惩罚,甚至有一些银行家靠榨干穷苦大众的存款而发财,却以"鉴于不可控的情况,请原谅"为由暂停营业;伟大的民族也不会允许某些人购买大量地产,他们依靠在中国海域停留的武装舰队,用大炮打开了鸦片市场而获得不义之财,为搜刮更多外国的财富,把拦路强盗的命令由"要钱还是要命"改为"钱命都要留下"。伟大的民族同样也不会准许地主们仅仅为了每周多赚六便士，而利用再生草热病和污秽的瘟疫折磨无辜弱者；再泪眼婆娑、惺惺作态地讨论是否不应当尽责拯救、细心照料那些杀人犯。同样，当伟大的民族已经决定绞刑是对故意杀人犯最合适的刑罚时，他们一定会审慎地判断杀人犯罪行的程度；并不会像一群在严寒中受冻的狼崽一样，对着一个痛苦又发狂的男孩的血迹狂叫，或像头发灰白、目光呆滞的奥赛罗那样派遣一位王室大臣对某人礼貌地说"我对此感到极其为难"，而这个男人正当着父亲们的面杀害年轻的女儿们，并冷酷地残杀青年贵族，效率甚至胜过一个乡村屠夫在春天宰羊的速度。最后，伟大的民族尊重上帝以及他的权威，不会一边假装相信热衷金钱是一切罪恶的源头，一边又声称，在所有主要的国家行为和措施中，自己仅仅是受到或将遭受金钱的刺激，别无其他。

朋友们，我不知道为什么会有人谈论阅读。我们需要比阅读更加鲜明的自律能力；但无论怎样，我们不会阅读，这一点毋庸置疑。一个处于这种思想状态的民族是无法读书的。他们也无法理解那些优秀作家所撰写的任何内容。现在,英国民众完全无法理解任何饱含深意的内容,在贪婪导致的精神失常中,已经无法进行思考。庆幸的是,我们的疾病目前还只表现为缺少思考能力,尚未腐蚀我们内在的本性;当任何事情深深触动我们时,我们还会发出真实的叫喊;即使"付出代价"才能获得任何东西这种观念早已深刻影响我们的所有意图,当我们装扮成善良的撒玛利亚人,在施舍他们两便士时不忘说"我下次来时,你应该给我四便士",高尚的激情依旧留存在我们心中。在工作中、战争中,甚至是在不公平的家庭情感中,我们都会表现出这样的激情。而不公的家庭情感使我们对一个细小的个人错误暴跳如雷,对巨大的公众错误却漠不关心。我们依然每日勤劳工作,虽然我们把赌徒的愤怒视为劳动者的耐心;我们依旧勇敢地面对死亡,尽管无法获悉引发战争的真实原因;我们始终真诚地爱着自己的肉体,如同海怪和岩鹰。如果一个民族有上述现况,那么它还有希望。只要它能牢牢掌控自己的命运,时刻准备着为荣耀而牺牲(即使是愚蠢的荣耀),为爱而牺牲(即使是自私的爱),为事业而牺牲(即使是低劣的事业),那么这个民族就有希望。但仅仅是希望而已；因为这种本能的、不顾一切的美德很难持久。任何一个全民皆为暴徒的民族都难以繁衍，无论他们的心灵多么宽宏大量。它必须控制自己的激情，并加以引导，否则有一天，激情会如蝎鞭一样束缚这个民族。总而言之，只有一心发横财的暴民的民族是不可能延续下去的：它鄙视文学、科学、艺术、自然、同情，全身心地关注如何过上锦衣玉食的生活，它将受到惩罚，无法生存下去。你们是否认为我的措辞很难听或轻率？你们要再耐心一点。我会一句一句地向你们证明我说的是正确的。

（1）我要阐释的第一方面是我们鄙视文学。作为一个国家，我们在乎书籍吗？你们衡量过我们花在公共或私人图书馆上的费用与花在马匹上的开支吗？如果一个人在私人书房上大手大脚地花钱，你们会认为他疯了，说他有藏书癖。尽管每天都有人毁于自己的马匹，但你们不会称这种人为藏马狂，你们甚至从未听说有人会因收藏书籍而身败名裂。或是说得再简单些，与酒窖的珍藏相比，全英国的公共和私人书架上的藏书值多少钱呢？与奢靡宴会的开销相比，我们在文学方面支出的费用又处于什么地位呢？我们总说精神食粮和物质食粮一样重要：一本好书可以无穷无尽地提供精神食粮；这是为我们的生命、为最美好的日子提供财富；然而，在以一条大比目鱼的价格把书买下之前，大多数人会花多长时间看一本最好的书呢？虽然曾有人为买本书而勒紧裤腰带，但我认为他们中的大部分人最后花在晚餐上的费用比购书多。更令人遗憾的是，有过这种尝试的人寥寥无几；因为，确实只有通过劳动和节省获得的宝贵事物才显得更加珍贵；如果在公共图书馆方面的开支能到达公共宴会费用的一半，或是书价能达手镯售价的十分之一，即便是迂腐的男人和女人有时也会认为读书有益，如同大饱口福和佩戴闪闪发光的首饰一样：然而，文学的廉价使某些聪明的人忘记了，一本书如果值得阅读，那么就一定值得购买。不值得读的书也不值钱；只有当我们一遍又一遍地阅读、喜爱某本书，它才是有用的；你可以在文中做记号，这样你便能在需要时引用这些章节，如同一位士兵在军械库中找到所需的武器，或是一位家庭主妇从橱柜中找到需要的调味料。面粉制成的面包味道很好，但在一本好书中，如果我们想吃的话，也有如蜂蜜般香甜的面包；如果一生都支付不起一次这种可增倍的大麦面包条，那么这个家庭一定很穷。我们自夸是富裕的国家，却只会阅读从流动图书馆里借来的书，这真是卑鄙又愚蠢!

（2）第二方面是我们鄙视科学。"什么!"你们会发出惊叫，"我们难道不是在一切探索发现中占据首屈一指的地位吗[3]？难道世界各国不是被我们的发明中理智和非理智的方面弄得眼花缭乱吗？"是的，但你们认为这是国家的功劳吗？那些都依赖于个人的热情和经济实力，绝非国家行为。我们确实非常高兴，能从科学中牟利；但我们会迫切地将从科学骨头上长出的肉匆匆吃光；但当科学家想向我们索要一根骨头或一块酥皮时，那就是另外一回事了。我们是否公开地为科学发展尽绵薄之力？为了船只航行的安全，我们不得不了解时辰，因此我们耗资建立天文台；我们每年都要以议会的名义，懒散地为大英博物馆做点贡献，对此感到饱受折磨；不情愿地认为那只是存放鸟类标本、娱乐孩子的地方。如果有人购买了望远镜，发现了另一个星云，我们便会喋喋不休地夸赞这种洞察力，好像它是我们自己的一样；若在一万个打猎大地主中，有一人突然发现,除了宰杀狐狸之外,土地可做其他用途,他自己可以挖洞,告诉我们黄金、煤炭的位置,如此一来我们就能看出他这样做的价值,并十分恰当地封他为爵士:但仅凭偶有这样一位地主做一些有意义的事情,我们就能获得赞扬吗?(如果我们思考一下,其他人否定这位地主的发现,岂不是会给我们丢脸吗?)但如果你对上述普遍情形存疑,那么有一个例子值得我们所有人思考,它表现了我们对科学的"热爱"。两年前在巴伐利亚,有人出售索伦霍芬的化石收藏品;这是现存最完整的一组,包含了很多独一无二且完美的标本,其中有一件是某物种的唯一标本(那块化石代表着一个完整的、未知的生物王国)。如果私人收藏家购买了这些标本,市价会高达一千至一千二百英镑,而对英国的售价是七百英镑:但我们拒绝了,如果不是欧文教授不惜时间,耐心忍受着向英国议员们表明标本的重要性,并且立即在争取到四百英镑之后,表示自己愿意承担剩余的三百英镑,这些藏品此时此刻就会在慕尼黑博物馆展出。毫无疑问,议会将把三百英镑还给欧文教授,但会极不情愿,而且他们一直不在乎这件事情的始末;一旦能从中获得利益,他们便会对此津津乐道一番。我拜托大家用算术思考一下这一事实的真正含义。你们每年至少在公共领域花费五千万英镑（其中三分之一花在军械上）。现在，七百英镑之于五千万英镑，就如同七便士之于两千英镑。大家想一想，假使有一位收入未知的绅士，每年在花园围墙和雇用侍从上花费两千英镑，可以据此推测一下他的财富，同时他还自称热爱科学；其中一位仆人急匆匆地过来告诉他，有一组独一无二的化石藏品，从中能找到生命诞生的新纪元的线索，一共只需七便士；这位所谓的痴迷科学又愿意每年在花园修建上耗资两千英镑的绅士，却在仆人等待数月后回答道，"那好吧！我会给你四便士，如果你愿意支付剩余的三便士，我明年再给你！"

（3）我说的第三方面是你们鄙视艺术！"什么！"你们又反驳道："难道我们的艺术展品放在一起没有几英里长吗？难道我们没有花费几千英镑，只为购买一幅画作吗？我们不是比之前拥有了更多的艺术学校和机构吗？"诚然，这些都是事实，但仅仅是出于购物的目的。你们会乐意把油画作品卖掉，就像处理煤炭、陶器和钢铁一样；你们也会竭尽所能从他国争夺面包；做不到的话，你们的人生目标便是像鲁德门的学徒们一样站在世界各地的干道上，对每位路人喊，"你们想买什么？"其实你们对自己的能力或所处的环境一无所知；你们幻想着，在潮湿、肥沃的田间，能像身处古铜色葡萄藤之中的法国人和在火山峭壁下的意大利人一样，拥有敏锐的艺术想象力；想象着艺术如记账般，可以通过学习获得，而你学会之后需要完成更多的记账任务。相比于绘画作品，你们极其关心冰冷墙面上张贴的广告。墙面上总有贴广告的地方，但从未见过画作贴在上面。你们甚至不知道国家到底拥有哪些绘画作品（仅凭名声），不知它们的真伪，以及是否保存完好；在国外看到世界上现存最高贵的作品在一片废墟中腐烂（例如奥地利人曾在威尼斯故意朝着藏有这些画作的宫殿扫射），你们十分淡定；在一天的狩猎中丢失抓住一两个猎物的机会，你们对此的恼怒程度胜过听说所有欧洲的杰作第二天将被丢进沙袋堆成的奥地利堡垒。这就是你们全国表现出来的热爱艺术。

（4）第四个方面就是你们还蔑视自然，也就是说蔑视一切由自然风景产生的深邃而神圣的情感。法国革命者把本国的数座大教堂变成马厩；你们却将全世界的大教堂变为赛马场。你们对于快乐的想法之一就是坐在火车车厢里，绕着走廊，吃光大教堂圣坛上的贡品[4]。你们已经在沙夫豪森的瀑布上架起了铁路桥。你们还在泰尔的小礼堂旁的卢塞恩悬崖上挖了隧道；你们也毁坏了日内瓦湖靠克拉伦斯的水岸；你们在英国所有幽静的山谷中都点上了熊熊烈火；英国每个地方都被煤炭灰烬糟蹋[5]——因为你们的到访，外国城市在古老又美丽的街道上以及欢乐的花园中，建立了像白色麻风病般的新旅馆和香水商店；就连你们的诗人们以前钟爱的阿尔卑斯山，在你们眼里也仅仅是嘈杂场所中数根抹了肥皂的杆子，你们爬上去又滑下来，"欢快地尖叫"。欢叫之后，再也发不出人类的声音以示你们的快乐，你们便开了几枪，打破了山谷的宁静，再匆匆赶回家，脸上浮现出骄傲自大的红晕，滔滔不绝地谈论着，自鸣得意地打饱嗝。我认为，从深层次的内在意义来说，我看到过人性的两种最悲惨的场面，一是英国暴徒们在夏莫尼山脉中发射生锈的榴弹炮来自我消遣；二是瑞士苏黎世酿酒工对上帝恩赐葡萄的感激方式：人们聚集在"葡萄园塔楼"里，一整天都在慢慢地给马枪上膛、射击。遗憾的是，我们对责任的理解十分含糊不清；在我看来，更值得同情的是人们对娱乐抱有这样的看法。

最后一方面,你们还厌恶同情心。对此,我无须多言就能证明。我从报纸上剪下了一部分,我有剪报的习惯并会把剪下来的内容放进橱柜抽屉里面;这一段源自今年(1865年)早些时候的《晨报》;[……]它描述的内容现在每天都在上演;我只是偶然从一位法医的角度来讲述。我会用红色字体打印这段话。可以确定的是,这些事实是用红笔写在一本书里的,无论我们是否接受过良好教育,将来某天都会在那本书中读到我们的那页内容。

周五,助理法医理查德先生在伦敦东区基督教教堂街的白马酒馆,就享年五十八岁的迈克尔·柯林斯的死因展开调查。证人玛丽·柯林斯,一位面露悲痛的女士,说到她同死者、儿子一起生活在基督教教堂街科布大院2号楼的一间房内。死者是一位靴子"修理匠"。证人出门购买旧靴子,死者和儿子再把旧靴子改造成新靴子,然后证人再把这些靴子廉价卖出,以从商店买回需要的用品。死者和儿子之前都是日日夜夜地工作,以赚取一点钱购买面包和茶

叶，支付房费（每周两先令），从而保证一家人能住在一起。周五晚上，死者从凳子上站起来，全身开始颤抖。他把靴子丢掉，说："在我走后，会有人完成这双靴子的翻修，我再也做不动了。"火也熄灭了，他继续说："如果暖和一点，我会更舒服些。"因此，证人拿了两双翻新的靴子到商店里去卖，但只能以十四便士售出，因为售货员说"我们必须赚点利润"。证人拿换来的钱买了点煤、茶叶和面包。他儿子整夜都在"翻修"赚钱，但死者于周六早晨逝世了。这个家庭一直挣扎在温饱线上。法医说："我认为，你们没去救济院很可惜。"证人说："我们在家里更自在些。"一位陪审员询问家里有什么能提供舒适感的东西，因为他只看到房间角落里的一点麦秆，窗户也是破旧的。证人便开始哭泣，说我们有一床被子和其他的小物件。死者曾说他决不去救济院。夏季是旺季，他们有时每周可赚十先令。他们往往会为下一周存钱，因为下周收入可能不高。到了冬季，他们挣到的钱不及夏季的一半。三年来，他们的生活越来越糟糕。科尼利厄斯·柯林斯说，从1847年开始，他就一直是父亲的助手。他们经常工作到深夜,以致他俩几乎失明。证人的眼睛上有一层薄膜。五年前,死者曾向教区申请救济。救济官员却只给了他一块重达四磅的面包,并告诉他如果再来就只能"得到骨头"[6]。死者对此感到厌恶,再也没有和他们联系过。从上周五开始,他们的情况愈发艰难,他们甚至没有半个便士来购买蜡烛。之后,死者躺在稻草上,说他活不到明天早晨。一位陪审员说:"你们都快饿死了,在夏季之前应该住在救济院里。"证人说:"如果我们住进去就会死掉的。到了夏天我们从那里搬出来,会像从天上掉下来的人。没有人认识我们,我们甚至连房子都没有。只要有食物,我便能工作,视力也能恢复。"G.P.沃克医生说死者因饥饿和精疲力尽引发昏厥而死。死者没有被子。在长达四个月的时间里,他只吃过面包,身体没有一点脂肪。虽然没有患病,但若以前接受过治疗,或许能熬过这次昏厥或昏迷。法医对此悲剧进行评论,之后法官做出以下判决:"死者死于由饥饿和缺乏生活普通必需品导致的衰竭,以及没有得到医治。"

你们问:"为什么证人不愿去救济院呢?"其实,穷人对那里抱有偏见,富人却没有;因为大量从政府领取补助金的人住进那里[7];而富人的救济院没有救济的说法,只能称得上是娱乐场所。但穷人似乎更乐意独自离世;如果我们把救济院修建得宽敞又舒适,或者让他们在家里就能领取救济金,拿出一点公款分给他们,那么他们或许会接受去救济院居住的建议。同时,事实是:对于穷苦百姓而言,我们的救助令他们感到耻辱或痛苦,所以他们宁死也不向我们申请补助;或者还有第三种情况,我们放纵穷人们不受教育、鲁莽愚笨,以至于他们像牲畜般挨饿,野蛮又蠢笨,不知道该去做什么,或者该要求什么东西。我提过你们看不起热情;但凡你们尊重热情,那么这篇新闻所报道的事情就不会发生在一个基督教国家,这和允许在大街上故意杀人的行为无异。"基督教",我刚说了。唉!即使不是基督徒,只要身心健全,我们就不会任由这种现象存在;然而我们虚构的基督教却成为我们犯下这些罪行的帮凶,因为我们沉迷、享受着信仰中的低俗感情;像其他的一切东西,我们在想象中将其美化一番。颇具戏剧性的基督教有管风琴和走廊,晨祈仪式和夜晚布道——在基督教里，我们用绘画手法，在作品中将对恶魔撒旦的嘲笑和愚弄与罗伯特和浮士德的故事情节结合；我们为渲染背景氛围而吟唱圣诗的歌声穿过了雕有精美花纹的窗户，在一直变化、模仿的祷告声中，艺术性地调整"Dio"的发音：（到了第二天，当我们为未受教育的咒骂者的利益，为实现第三条戒律的意义而到处散发宗教小册子时）这个靠煤气点亮和启发的、使我们耀武扬威的基督教，便会从反对它的异教徒的触碰中，收回长袍的边缘。我们还是通过朴素的英语词汇和直截了当的行为，做些一位普通基督徒应完成的正义事情吧；把基督教戒律作为生活法则，甚至以此订立国家法案和希望，我们非常明确自己信仰的目标！相比于从现代英国宗教信仰中得到实际行动或热情，你们可能会从焚香的烟雾缭绕中更快地获得启迪。你们最好远离这烟雾和管风琴；把它们和哥特式窗户、彩绘玻璃都交给教堂管理员；你们从健康的呼气中排出甲烷气体的幽灵，照顾倒在台阶的麻风乞丐。因为，只有每位信徒都乐于助人的教会才是真正的教会，才是唯一神圣的、母性的教会，曾经是以及将来会保持的样子。

我重申一下，你们全民都鄙视所有这些快乐，所有这些美德。确实，你们中也有人并非如此。正是由于他们这群人的努力、能量、生命和逝去，你们才能生存下去，然而你们却没有为此感激他们。若不是你们蔑视和遗忘的那些人，你们将失去财富和享乐，甚至毫无尊严。警察彻夜在黑暗的小路里来回巡查，留意你们曾经犯下的罪恶；他们随时都要费尽心力，面临终生残疾的风险，然而你们从未对他们表示感谢；水手与大海的狂风怒吼战斗；安静的学子集中精力读书或观察小瓶子；当你们百无聊赖地驾着马车，使所到之处尘土飞扬的时候，普通工人依旧在履行职责，虽然没有赞许，也几乎没有食物；但英国依赖这些人存活；但他们只是国家的一部分，仅仅是国家的身躯和神经系统，虽然没有思想，也能以惊人的毅力按照旧例行事。除了追求享乐，我们国家的愿望和计划别无其他；国家的宗教信仰也沦为教堂仪式的演出，以及对于催眠的真理（或非真理）的宣传，目的是让暴民安心工作，而我们却在花天酒地；我们一直集中精力于这种享乐的必要性，如同热病导致的喉咙干燥和迷离眼神——没有知觉、放荡不羁又毫无怜悯。疾病（Dis-

Ease）一词，正如其字面含义，意味着否定和失去舒适（Ease），多么确切地表现了我们英国的勤奋和娱乐的全部道德状况啊！

当人们忙着做正事时，他们的娱乐来自工作，如彩色花瓣长在丰盈饱满的花朵上；当他们真心愿意帮助他人并富有同情心时，对于灵魂来说，他们所有的情感将变得平稳、深邃、永恒而又有生气，就像自然脉搏之于身体一样。但现今，由于我们没有真正可做的事，我们便将所有精力倾注在赚钱这项错误的事业中；我们没有真情实感，所以矫饰情感以供娱乐，我们这种做法并不像孩子们天真烂漫地玩洋娃娃，而是如同盲目崇拜偶像的犹太人一般，邪恶地、秘密地将画作绘于洞穴墙壁上，人们只有在挖掘之后才能发现它们。我们在现实中不讲仁义道德，但在小说创作和舞台表演中却伪装起来；我们毁坏大自然之美，却用舞剧中的变形形式进行替换，而且（我们的人性急切地渴求*某种*形式的敬重和悲痛），我们不再对同伴心怀高贵的悲伤，也不会和他们一道挥洒纯洁的泪水，却在公共法庭上对他人的痛苦遭遇幸灾乐祸，对收集墓地的夜露欣喜若狂。

预估这些事情的真正意义并非易事，这些事实足以令人吃惊，国家犯下的错误似乎不如最初那么严重。我们每天允许或导致上千人死亡，但我们没有恶意；我们纵火烧毁房屋，破坏农民的田地，然而当我们发现伤害了某人时，我们也会感到愧疚。我们依旧内心善良，恪守道德，与孩童般的善良和美德无异。查尔莫斯在漫长一生的尽头，急躁地发出感叹，"民众只是一个巨大的婴儿！"他曾经拥有很大的公共事务权，曾被某件关于"舆论"的严重事件折磨。我结合了所有这些思想方面更严峻的事情和对阅读方式的探究，是因为我看到国家越多的错误或苦难，就越发现这些问题源于我们如孩童般未开化以及缺乏最普通的思考习惯的培养。我再说一遍，它不是我们应当悔恨的罪恶、自私和大脑迟钝；而是一个难以触碰的学生的鲁莽，他与真正的学生的不同只在于他无法获得帮助，因为它不承认老师的教导。

在我们最近一位伟大画家的杰作中，一幅生动的、被忽视的作品描绘了一种充满好奇心的人。作者画了柯比·朗斯代尔教堂里的墓地，还有周围的小溪、山谷、山丘以及远处层叠的早晨的天空。一群学生将小书本放在一座墓碑上方,然后玩着用石头把它们击倒的游戏,全然未留意这里的环境和长眠在此的逝者。同样,我们也在玩味使我们受益的、出自那些逝者的作品,并愤愤不平、不计后果地将它们远远地抛弃;我们不会想到,那些随风吹散一地的书页不仅被放在一座坟墓上,更是被放在施加了魔法的地下室的封印上——而且,这就是一扇大门,通向属于沉睡着的国王们的伟大城市,若我们能叫出他们的名字,国王们便会苏醒,随我们同行。有种情况经常发生,即使我们打开了那扇大理石门,我们也只能在那些熟睡又年迈的国王们中间游走,用手指触碰一下他们穿的长袍,摸一摸他们佩戴在前额的王冠;他们依旧保持沉默,如同满是灰尘的塑像;因为我们对唤醒他们的心灵咒语一无所知;他们只要听到这些咒语,就会带着很久以前拥有的权势,突然站起和我们见一见,近距离地看着并探究我们;好像落入冥府的国王们接见新到的人,说道:"你也同我们一样变得虚弱了吗——也变成我们中的一员了吗?"这些国王头戴光芒四射、稳如泰山的王冠正视我们,继续说:"你和我们一样,内心也变得纯粹又强有力了吗——你也成为我们中的一员了吗?"

强大的心灵,强大的头脑——"宽宏大量的"——要想做到这一点,那么在生活中也应是真正伟大的;要越来越靠近这目标,就要真正地"在生活中进步"——在生活本身之中——而不是陷入生活的困顿中。朋友们,你们能回忆起那个古老的塞西亚习俗吗?当一家之主逝世时,人们会为逝者穿上最精美的服装,把他放在马车里,送他去朋友们家里;之后朋友们便会将他放在桌首处,再当着他的面饱餐一顿。想象一下,有人简单明了地告诉你,在你认为你还在世时,你将逐渐获得塞西亚的荣誉这个可怕的事实。假使他这样告诉你:你将慢慢逝去;你的血液将日渐冰冷,你的肉体会变得僵硬,你的心脏会像一组锈迹斑斑的铁阀门逐渐停止跳动。你的生命力将消逝,从地面坠入该隐冰川;但一天又一天,你的身体会被打扮得越发华丽,放入更高档的马车内,胸口别着更多的勋章——如果你愿意,便能头戴王冠。人们将向你鞠躬,注视着你,围着你欢呼,在街道上前后簇拥着你;人们会为你建造宫殿,将你放在餐桌首处,和你彻夜摆宴畅饮;你的灵魂会停留片刻,了解他们做了什么,感受金色服装披在肩上的重量,以及头骨上被王冠压出的痕迹;再无其他的了。你是否愿意接受死亡天使的这个口头建议?你认为我们中最卑贱的人会采纳吗?然而,从某种程度而言,我们中的每一位几乎都真的想抓住这种机会;我们中许多人会全部接纳这一令人恐惧的做法。每位接受它的人都渴求在生活中得到进步,却不知生命的意义是什么;这群人只想着他们能坐拥更多的马匹、仆人和财富以及社会荣誉——而不是拥有更高洁的灵魂。只有当一个人的心灵、血液、大脑变得更温柔、更温暖、更敏捷,甚至精神进入生机勃勃的和平境界时,他才真正能在生活中取得进步。只有这样生活的人们才可成为世间真正的贵族或国王——仅仅是他们而已。其他所有的君主国家,即使有真正的国王,也不过是继承王位后的实际结果而已;如果再差一点,他们要么是引人注目的皇室贵胄——服饰华贵、珠光闪耀、引起轰动——但也只是国家的玩物;他们要么根本就不是王室成员,而是暴君,或是国家荒谬的生动实际的表现;因此,我才在别处评论君主制,"可见的政府是某些国家的玩物,另一些国家的病源,一些国家的枷锁,更多国家的负担"。

但当听到在心思缜密的人中还有人谈论君权时，我无法言表心中的震惊。他们似乎认为，被统治的国家是私有财产，可以买卖，或者像绵羊一样被获得——国王吃着绵羊的肉，采集着羊毛；似乎阿喀琉斯愤愤不平地为卑劣国王取的绰号"吃人"也是所有君主永恒的、合适的称谓；扩大国王统治范围就和增加个人财富一样！若一位君王抱有这样的想法，无论他多么强大，他都不再是一个国家真正的国王，就像牛虻不能成为马群首领一样；它们吸食马匹，可能使其发狂，唯独不懂如何掌控马。如果能清晰地看到，你会发现他们以及他们的宫廷、军队也不过是夏季沼泽地里的大蚊子，长着刺刀般的喙，像乐队一样奏出旋律优美的小号曲；蚊虫结成一群群，在夜幕的映衬下如薄雾般闪闪发光，非常美丽，但这并不有益身心健康。同时，真正的国王都在默默地统治国家，并且厌恶统治；他们中有很多人会"拒绝成为伟大的国王"；如果不这样做，暴民们只要能利用当前形势，就会相当肯定地改朝换代，成为"伟大的国王"。

然而，若有一天，现有的国王不是通过地理上的国界线来评估自己的统治，而是以**武力**为指标来评判的话，那么他也许会是一位真正的国王。无论是特伦特河在这儿侵蚀了一块土地，还是莱茵河在那里环绕出一座城堡，都无足轻重。但对于作为君王的你而言，你能否对一个人说"走开"，他便离开，对另外一个说"过来"，他就能过来，这就至关重要。你能否像统治特伦特河那样对子民发号施令，让他们来去都听从你的命令，这很重要。作为国王，你的子民是憎恨你，因你而死，还是爱戴你，因你而生，这才意义重大。你可以凭借民众的数量而不是靠英里数来测量统治的疆域面积；估算一下你受子民爱戴的程度，看看它与异常温暖而无垠的赤道间的距离有多么邻近，而不是有多么遥远。

　　量一量吧！——不过，你无法测量。谁能计算出下面两种权力的区别呢？一种权力来自"边实干边教导"的人们，他们是尘世或天堂的王国里最伟大的人；另一种权力属于那些只会毁坏和消耗的人，他们至多只发挥了飞蛾和铁锈的作用。真是奇怪！想一下，飞蛾国王们为臣民积蓄财富；铁锈国王们腐蚀人民的力量如同铁锈之于盔甲，他们为铁锈积累财富；强盗国王们也为强盗储存财富；但是有多少位国王曾积累过无须守护的财富——甚至认为越多盗贼去那儿偷盗就越好呢？绣花长袍都会被扯破；头盔和刀剑都将暗淡无光；珠宝和黄金迟早会消耗殆尽；却有三类国王一直收集这些东西。假设有第四类国王，他曾阅读很久以前鲜为人知的书籍，从中得知第四种宝藏的存在。珠宝和黄金都无法与这种珍宝相媲美，更无法用纯金对其估价。它是一张美丽的、用雅典娜的梭子编织而成的网；一副在神圣之火中，由火神伍尔坎全力锻造的甲胄；一块从太阳的正红心中采出，放在神谕的悬崖上的黄金——它是一件彩绘的薄纱，无法穿透的盔甲，可饮用的黄金！有三位伟大的天使，分别是行动、努力和思考，仍在呼吁我们，在我们的门柱旁等待着，以羽翼的力量指引着我们，以智慧的目光引领着我们，走上了一条不见飞鸟，甚至连秃鹫都看不到的路！想象一下，我们会愿意拥护一位国王，他能听取并相信上述话语，最后为他的子民收集并贡献出第四种珍宝——智慧。

思考一下，这将是一项多么伟大的责任啊！就我们目前民族的智慧而言，是多么难以置信啊！我们应当教导农民学会阅读，而不是只会使用刺刀！通过优秀的、有指挥才干的思想家团队，而不是刺客军队，我们把农民组织起来，让他们进行练习，用报酬维持现状！民众不但能在阅览室，还能在步枪射击场地找到娱乐活动；不但要奖励能准确击中靶心的人，还要嘉奖发现真理的人。说得直白点，我们想把文明国家中资本家的财富用于支持文学事业而非战争，这看起来是多么荒谬的想法啊！

请大家耐着性子，我给你们读一段话，这句话出自我自己撰写的唯一可称为书籍的书。在我的所有作品中，这部书一定是最经久不衰的（如果能保存的话）。

在欧洲，财富的运转方式非常可怕，即资本家的财富都用在了支持非正义的战争上。正义之战并不需消耗如此巨额的财富，因为参战的大多数人是无偿的；但非正义之战却需花钱收买参战人的身体和灵魂；此外，他们在战争中会利用最顶尖的武器，这些会最大限度地提高战争费用；更不用说因国家之间卑鄙的恐惧和愤怒的猜疑而导致的损失，这些国家缺乏宽容或诚实，无法使国民至多保持一小时的平心静气；如今，法国和英国每年都购入一千万英镑的惊慌（这是一种收成极低的作物，荆棘和白杨叶子各占一半，它通过唆使人们贪得无厌、不传递真理的当代政治经济学家的"科学"来播撒、收割和仓储）。此外，所有有援助的非正义战争不是从敌国抢夺资源，就是从资本家那里获得贷款，这些将由对人们后续的征税来偿还，而这些人并不愿意这样做，战争的主要根源在于资本家的意愿；但整个国家的贪婪才是引发战争的真正原因，这使国家失去信念、真诚或正义，因此，将来注定会让每位国民遭受损失和惩罚。

请注意，法国和英国都从对方那里购入了恐慌；这两个国家每年都会购入价值高达一千万英镑的恐惧。想一想，如果他们没有这么做，而是决定和平共处，每年花一千英镑获取知识，修建皇家图书馆、艺术馆、博物馆、花园以及休闲之地。这难道不是对法国和英国双方都更好吗？

然而，还需要很长时间才能实现这一想法。但我希望无须等待太久就能看到，每座大城市都建成了皇家或国家图书馆，收藏了皇家系列图书；每个图书馆都有相同系列的书籍，这是从每种类别中精挑细选的最优秀的书籍，尽可能以最好的方式为建构一套国家系列图书做准备；这些图书内容都要印在相同尺寸的纸上，留有足够的页边距，并将书籍分为合适的卷册，手持轻便，装帧美观牢固，内容详尽，如装订工的作品范例一样；这些图书馆从早到晚始终只对衣着干净整洁的人开放；要施行严格的制度以维持这种洁净和安宁。

我也能为你们提供其他方案，针对如艺术馆、自然历史陈列馆和其他许多珍贵的、在我看来有必要建立的展览馆；但图书的计划是最容易实现的，也是最有必要的，这将为我们所谓的英国宪法提供相关的重要补充，因为它目前已变得水肿，表现出着魔般的饥渴，需要更健康的养分。你们已经废除了英国的《谷物法》，可以尝试制定新的谷物法，以获得更优质的面包；那种古老的、被施了魔法的阿拉伯谷物芝麻制作出来的面包，芝麻可以打开国王宝藏的大门，而不是强盗的大门。

·注 释

[1] 《彼得后书》,第3章第5—7节。

[2] 在大多数情况下,现代"教育"表示教会人们一种能力,即在可能想象到的、对自己重要的事情上思考错误的能力。

[3] 既然我写下这样的话,就表明答案无疑是否定的;我们已经被迫将北极圈探索的任务交给那些大陆国家,因为我们穷得都支付不起轮船费用了。

[4] 我是说全世界景色优美之地,如瑞士、意大利、德国南部等等,这些地方才称得上真正的大教堂,才是我们应当尊重和崇拜的地方;然而我们只在乎驱车横穿:在它们最神圣的地方狼吞虎咽。

[5] 空气的灰尘从数英里之外的地方随风飘落,导致约克郡里士满一带的河岸变得一片黑暗。我多年前看到这一景象,大为吃惊。

[6] 这句对一无所长的劳动者的惩罚与某篇文章惊奇地一致,大家可能还记得其中的内容。它也是我从《晨报》中剪下来的,和引用的这段一起放在抽屉里,可以更好地说明这个现象。这篇文章发表于1865年3月10日,星期五。内容如下:"C夫人举办了一场沙龙聚会,聪慧地展现出大方优雅的一面,以尽地主之谊。亲王、公爵、侯爵等贵族都出席了此次宴会——实际上,这些人与参加梅特涅公主和德劳因·德·路易夫人举行的宴会的男宾们是一样的。一些英国上流人士和议会成员也到场了,他们似乎十分享受,沉浸在这令人兴奋的、眼花缭乱的、不合礼仪的场面中。在二楼,晚餐

桌上摆放着当季的各色精致佳肴，这些是供给四点钟来此享用的客人的（大约两百人）。为使你们了解巴黎风流社会的美味食物，我抄写了一份晚餐菜单，包括伊甘庄葡萄酒、约翰内斯堡酒、拉菲庄红酒、托考伊葡萄酒、品质最好的香槟等，供宾客们通宵达旦地畅饮。更热闹的舞会安排在晚宴之后，直到人们跳完恶魔般的锁链舞和地狱般的康康舞，持续到第二天早晨七点。（接着就是早餐——'天已破晓，发出微光，新生的刚发芽。'）下面是菜单：'巴格拉季翁的家禽味道鲜美，配有口味丰富的十六道开胃菜。塔列朗、凉酸辣三文鱼、贝尔维尤牛肉片、米兰馅饼、冷热野味、香菌配雌火鸡、鹅肝酱、小龙虾、威尼斯沙拉、白色果冻、曼奇尼蛋糕、巴黎的和巴黎式美食。冰冻奶酪、菠萝和甜点。'"

[7] 请注意文中的表述，设想一下，一位贫穷老妇每周只能从国家机构领取一先令的救济金，她会感到多么耻辱呀——然而，但凡每年能获得一千英镑的养老金，任谁都不会感到羞愧。

➻ 交 易

在布拉德福德市政府的演讲

[1864年4月21日]

约克郡的好朋友们,你们邀请我到这山区里,希望我就你们即将建立的交易所发表看法;但我诚恳、认真地请求你们原谅我,我不会对此谈论任何观点。我对这交易所一无所知,或者说略知一二。尽管并非如我所愿,我将谈论另一些事。你们请我来谈一个主题,我却擅自做主讨论另一话题,可能你们不会原谅我。但对于自己不关心的事物,我难以畅所欲言,也毫无效果。因此,在本次演讲的开始,我便非常坦率、抱歉地告诉你们,我并不在意你们的交易所。

然而,若一接到你们的邀请函时,我就回复说"我不能来了,我对布拉德福德市的交易所一点也不在乎",你们一定会感到被冒犯了,因为你们不了解我如此直率地拒绝背后的原因。因此,我来到这里,希望你们愿意耐心倾听我说明一下理由。之前,在这种或是其他很多类似的场合,我都会抓住机会向亲切的听众朋友述说,但如今我更愿意保持缄默。

总之,我对这个交易所不感兴趣——因为你们也是如此;而且你们清楚地知道我也无法使你们对这个交易所顿生兴趣。请看一下这件事情的原委,尽管你们可能以为我忽视了,但你们作为商人却十分清楚。你们将要花费三万英镑,或许这对你们来说微不足道;在我看来,就你们购买一件新衣服的费用而言,你们对服装的重视也远远高于对新建一间交易所的关注。但你却认为这是理所应当的。你们知道建筑会有许多新奇的风格;你们不想做出荒唐的事情;你们也听说,除了其他称号,我还有个令人尊敬的建筑"帽"商头衔;于是你们邀请我来此,让我讲述当前的时尚;讲一讲在我们的商店里当下最新颖、最漂亮的建筑尖顶造型。

恕我直言,只依赖别人偶尔发表的建议,你们无法获得优秀的建筑作品。所有好的建筑都是民族日常生活和性格的表达,同时也体现着广为流传而热切的民族审美或是对美的渴望。我希望你们能考虑一下"审美"的深层内涵；在我看来，好的审美是一种道德品质，这种观点再真诚不过了，同时也最具争议性。"不对，"很多反对者说，"审美是一方面，道德是另一方面。你应当告诉我们什么是好的审美，我们洗耳恭听；但我们不需要你的说教——即使你能够做到这一点，也会遭到质疑。"

因此，请允许我进一步解释这一旧的说法。审美不仅仅是道德的一部分和指向标——它是道德的全部。对于所有活着的人而言，第一个也是最终、最切近的问题就是，"你喜欢什么？"告诉我你的喜好，我将知道你是怎样的人。走在街上，询问你遇见的第一位男士或女士，他们的"审美"如何，若他们直率地回答你，那么你便能全身心地了解他们。"这位衣不蔽体、步履蹒跚的朋友，你喜欢什么呢？""烟斗、四分之一品脱杜松子酒。"我了解你了。"这位美丽的、步伐敏捷、戴着漂亮软帽的女士，你又喜欢什么呢？""打扫干净的壁炉，整洁的茶几，丈夫坐在对面，怀里抱着我的孩子。"不错，我也了解你了。"这位一头金发、目光柔和的小女孩，你的喜好是什么呢？""我的金丝雀，在遍地都是风信子的树林里奔跑。""这位双手肮脏、低着额头的小男孩,你喜欢什么?""玩投掷麻雀、扔硬币的游戏。"很好,我对他们了如指掌,那接下来还要问什么呢?

"不是的,"或许你会回答,"我们不如问问这些成年人和小孩做了什么,而不是他们的喜好。如果他们的做法正确,那么即使喜欢错误的东西也没关系;如果行为有失妥当,即使喜欢正确的东西也没有用。行动最关键。如果一个人不喝酒,那么他喜欢喝酒也没有坏处;同样,如果一个小女孩不努力学习,即使她对金丝雀再温柔也无用;如果一个小男孩会去主日学校,虽然会向麻雀扔石头,也无伤大雅。"确实,在短时间内,暂时而言,这种观念是对的。因为如果人们下定决心努力做正确的事,那么他们最终会喜欢上这件事。但只有当他们喜欢上正在做的事情时,他们才会处于正确的道德状态;只要他们还未喜欢上这件事,他们依旧是品行不端的。尽管一个人努力克制自己的欲望,如果他总想着壁橱里的酒瓶子,那么他肯定不健康;但如果他真心喜欢早晨饮水、夜晚饮酒,做到适量、适时,那么他就是健康的。真正的教育的整体目标不仅在于教会人们做正确的事情，还在于教会他们喜欢正确的事情：——不仅勤奋，还要热爱勤勉；不仅学识渊博，还要热爱求知——不仅纯洁，还要喜欢纯洁——不仅要做到公正，还需热切地渴望公平正义。

但你们又要问，"喜爱绘画、雕塑、家具或建筑作品等外部装饰是一种道德品质吗？"是的，千真万确，如果这是一种正当、固定的喜好。只有对优秀画作和雕像，而非针对所有作品的审美才称得上是一种道德品质。在此，我们不得不再次对"优秀"进行定义。我所说的"优秀"并不意味着聪慧、博学或工作繁难。例如，丹尼尔斯的一幅作品上画着一群酒鬼，他们争吵着玩掷骰子游戏；这是优秀的画作，没有一幅同类主题的作品可与其比肩；但这又是一幅极其低俗、卑劣的作品。这幅作品表达的是长期沉思恶俗事物的喜悦，这种快乐是一种"粗鲁的"或"伤风败俗的"品质。这是最深层意义上的"错误的审美"——这是恶魔的审美。另一方面，一幅提香的作品，或一座希腊[1]雕塑，或一枚希腊硬币，或一幅透纳的风景画，都表达出对美好事物进行长期冥想后收获的快乐。这才是真正的道德品质——这是天使的审美。所有源于美好艺术的喜悦，所有倾注在艺术上的喜爱，都会将其自身转化为对于值得爱的事物的纯粹热爱。这种值得便是我们称之为"可爱"的品质——〔我们应当创造出它的反义词，即可恶（hateliness），用来谈论值得讨厌的事物〕；我们喜欢这个或那个事物，并非毫无意义的、随意的事情。它对于我们本身的存在而言举足轻重。我们的喜好决定着我们是怎样的人，也表现出我们的为人；教授学生审美必然也是塑造他们的性格。

有一天，在舰队街上，我边走边思考这个问题，无意间注意到书店展橱里摆放的一本书，《在各阶级传播审美的必要性》。"啊，"我心想，"这位讨论社会分级的朋友，当你已经传播了审美，社会阶级还存在吗？我相信，热爱你所喜爱的人一定和你属于同一阶级。这一点是必然的。若你能选择，你可以让他转行；但基于他身处的环境，他会同你一样讨厌这个工作。你会看到一位流浪汉或小摊贩把《纽盖特监狱的日历》当作文学作品来读，喜欢听《砰！黄鼠狼快点走开》这首歌曲。你觉得你能使他们喜欢但丁的诗歌和贝多芬的钢琴曲吗？希望你乐于这样做；如果你成功了，那么他会成为一位绅士：——他再也不愿意去街上贩卖商品了。"

如果今晚有时间，我一定会向你们证明，一个被邪恶和虚弱影响的国家，一定会或是通过拙劣的艺术，或是通过艺术的匮乏将这种影响清楚而永久地表现出来；民族美德，无论大小，都会在拥有这种品德的人们所创造的艺术作品中得以体现。比如，以你们英国人持久、耐心的勇气这一美德为例。如今在英国，只有一种艺术和它息息相关，即炼铁。你们清楚地知道浇铸和锻造钢铁的过程。现在，在你们搭建起的火山堆里熔化，在你们建造的炉边锻造的大量熔岩中，你们难道认为，你们的勇气和耐力没有永久地定格在这些铁板中吗？这种美德不仅需要用钢笔记录下来，还要刻在铁皮纸上吗？再举一例，英国、欧洲、全世界乃至天空中所有转动发光、散发着地狱气息的其他星球都有一个共同点，即嫉妒的邪恶。嫉妒导致了商业竞争、议会里的背叛、战争的屈辱——这种邪恶给你们披上铠甲，让你们拔出利剑，使你们和邻国丧失立足的条件。最后，你们会意识到两个伟大民族的人民，自称领导着所谓的世界文明——他们在行动、政策上都和切维厄特山林地区粗鲁的边境骑兵一样——

> 他们切肉
> 戴着铁质手套,
> 他们通过头盔的缝隙饮着红酒;——

在你们的铁盔上,正好是你们右手锻造的每颗铆钉上,难道没有清楚记录着这种民族耻辱和心灵的龌龊吗?

朋友们,我不知道这件事情更应该称为荒唐还是悲哀,又或是二者兼有。想象一下,如果不是你们邀请我,而是某位绅士私下邀请我。这位绅士住在一栋郊区的房子里,他家和邻居家的院落仅隔着由一排果树建成的围墙;他邀请我是为了向我咨询客厅的装潢。我便会环顾周围,发现墙壁过于单调;我想挂幅壁画可能比较合适——或许这里或那里的天花板也需要贴上湿壁画——窗户边最好挂上锦缎窗帘或类似的东西。"啊,"我的雇主说,"确实需要锦缎窗帘!这太完美了,但你知道我现在还负担不起这样的东西。""但所有人都认为你有丰厚的收入!""啊,没错,"朋友继续说,"但你可知道,捕兽夹几乎花掉了我所有的积蓄?""捕兽夹!为了谁呀?""哎,还不是因为围墙对面的家伙,你知道的:我们是好朋友,重要的朋友;但我们不得不在墙体两侧放上夹子;有了这些捕兽夹和弹簧枪,我们才能友好和平地相处。最糟糕的是,我们都很聪明,我们每天都会发现对方购买了新的夹子或是枪筒一类;每年我们总共要花费一千五百万英镑在这些东西上,我不知道如何才能减少这笔开销。"对于这两位绅士来说,这是多么荒谬的生活!但对于两个国家而言,在我看来,就不仅仅是荒谬那么简单了。如果精神病院里只有一个疯子,也许会很滑稽;如果圣诞节哑剧中只有一个小丑角色,也是有喜剧效果的;但如果全世界的人都变成了小丑,全身涂抹着自己的血液而非朱砂,那就是最可笑的事情了。

注意一点,我知道很多这类事情只是游戏,并且大家都很乐意去做。但你们不知道如何激发灵感:不可能依靠猎狐、打板球度过这难以忍耐的漫长一生。还在上学时,你们喜欢摆弄玩具枪,但步枪和阿摩士壮大炮也只是比玩具枪更精美一点;但最糟糕的是,你们在孩提时玩的游戏,对于麻雀而言并非游戏;对于小鸟般的国家,你们现在玩的游戏同样并非游戏；如果没说错的话，你们是不敢向黑鹰开枪的。

然而，我现在必须回归主题。相信我，即使没有更多的例证，我也能告诉你们，从始至终，一个国家的邪恶或美德都表现在本国的艺术作品中：早期希腊的军事手腕、晚期意大利的沉迷声色、托斯卡纳的空想宗教、威尼斯灿烂的人类力量。今晚，我没有时间对此进行解释（之前我在其他地方谈论过这些）；但我会以一种更彻底的方式将这一原则用于我们身上。

我注意到，在野山上新建的所有建筑中，大多数教堂和学校都是与工厂和宅邸混合在一起的，前者都是哥特式风格，后者则是其他建筑风格。我可以问一下其中的原因吗？请记住，这是在当地才能看到的现象。在哥特式风格创立之初，房屋和教堂都采用了这种样式；在意式风格取代了哥特式风格之后，房屋和教堂又都跟随潮流改为意式风格。如果安特卫普大教堂有哥特式的尖顶，那么布鲁塞尔市政厅便会建有钟楼；如果伊尼哥·琼斯建造了一间意式风格的白厅，那么克里斯托弗·雷恩爵士将建立一所意式风格的圣保罗教堂。但现如今，你们在一种建筑风格的房屋里生活,却在另一种风格的教堂里祷告。你们这样做是为何呢?我是否可以这样理解,你们想将建筑风格变回哥特式,所以将教堂作为试验品,因为在建造教堂中犯错也没有关系吗?或者我可以理解为,你们认为哥特式风格是一种极为神圣和美丽的建筑模式,就像精致的乳香只能装在神龛里,哥特式建筑只能供你们的宗教仪式使用?如果你们确实有此想法,虽然这一开始看似很高贵、虔诚,然而你们会发现,从根源上来说,这件事说明你们或多或少将宗教从自己的生活中剥离了出去。

思考一下,这一事实的影响是多么广泛;请记住,不仅是在场的你们,现在所有的英国人都是这样做的。

你们都已习惯称教堂为"上帝的房屋"。我曾见过,许多教堂门口的上方刻着这样的文字,"**这是上帝的住所,是通向天堂的大门**"。现在,请注意这些内容的出处,以及它最初谈论的是什么地方。有个男孩离开家,要走很长的路,去看望他的叔叔:他必须经过荒山野岭,就如同你们的孩子不得不横跨一片荒原,去拜访住在卡莱尔市的叔叔。到了第二天或第三天的黄昏时刻，孩子走进了霍斯和布拉夫中间的某处的荒野之中。地面覆盖着石头和沼泽，那晚他无法继续前行。于是他便在沃恩赛德躺下休息，在那里他最多能收集几块石头当枕头：那个地方实在太荒凉，他唯一能找到的只有石头。在浩瀚夜空下躺着，孩子做了一个梦；他梦见地面上耸立起一座伸向天空的阶梯，上帝的天使在梯子上上下来回。梦醒时分，孩子说，"这个地方太吓人了；这里就是上帝的居所，是通向天堂的大门"。请注意，这个**地方**不是这座教堂，也不是这个城市，更不是这块他作为纪念的石头——那块他当枕头的燧石。这个地方是沃恩赛德刮着大风的山坡，这凹陷的、激流侵蚀的、飞雪肆虐的沼泽地；任何一个上帝会放下梯子的地方。但你们如何知道具体的地方呢？除了时刻为此做好准备，你们如何确定它可能会在哪里呢？你们知道下一回闪电会降落在哪里吗？你们**确实**部分地知道；你们可以引导闪电，但无法指引圣灵的降临，它就如同那闪电一样从东方划向西方。

  人们长期无礼地曲解着那句铭文，认为它只服务于教会的目的，这仅仅是我们倒退回粗俗的犹太教的万千事例之一。我们把教堂称为"寺庙"。现在，你可以清楚地知道它们并非寺庙。它们从来都没有，将来也不会有任何与寺庙有关的内容。它们是"犹太教会堂"——"聚集地"——你们集合的地方；如果你们不这样为其命名，你们又会误读另一句有广泛影响力的经文——"你，当你祷告时，不要像伪君子那样，因为他们喜欢站在教堂里祈祷"[我们可以翻译下这句话]，"众人看着他们。但是你，当你祈祷时，要进入小房间，关上门，向你的神父祈祷"——也就是说，不要在圣坛旁或走廊里，而是要"秘密地"进行祈祷。

现在你们可以感受到，我同你们说这些内容时——我知道你们能体会到——就好像我正在试图夺取你们教堂的荣耀。其实不然，我正努力证明你们的房屋和山林也同样拥有荣誉。这并不意味着教堂不再神圣——而是意味着全世界都是神圣的。我想让你们感受到，所有的思想中都存在非常粗心的、不变的、具有传染力的罪恶。借此，你们把教堂视为唯一的"神圣之地"，把房屋看作"世俗之地"；为了区别于异教徒，你们抛弃了家中的神明，而不是在众多无力的家庭守护神中，认出你们的救世主和守护神。

"但这些内容和这间交易所有什么关系呢?"你们不耐烦地问我。亲爱的朋友们,这两者间有着密切联系;所有内部的、宏大的问题,都取决于外部的、细小的问题;若是因为对我所写的内容感兴趣而邀请我来这里演讲,那么你们肯定知道我对建筑的看法都是有关这一点。我写过一本书,名为《建筑的七盏明灯》,就是为了验证良好的性情和道德情感是创造所有优秀的建筑作品的魔力,无一例外。《威尼斯之石》从头至尾也仅旨在表明威尼斯的哥特式建筑源自一种纯粹的国家信仰和民族美德,这些内容也都体现在建筑的所有特点中;而它的文艺复兴建筑则兴起于,并且其所有特征都体现出一种隐藏的国家无信仰状态和家庭腐朽。现在,你们问我采用何种建筑风格最恰当,我要如何回答呢?我知道两种风格,但我想向你们提问——你们是想以基督徒还是异教徒的身份来建立这间交易所?另外,你们是想作为虔诚的基督徒还是异教徒来建造?你们能够清楚地、毫不犹豫地选择前者或后者吗?我想你们不愿听到如此无礼的提问。但我不得不提问,因为这些问题比交易所更重要;而且如果你们能立即回答这些问题，建造交易所的困难就可迎刃而解。但在我深入提问之前，我必须请你们允许我解释清楚一种观点。

在之前的作品中，我一直努力表明，从本质上来讲，优秀的建筑有宗教信仰——它们是由虔诚和善良之人创造的产物，而非出自异教徒和堕落之人之手。但在做这一切的过程中，我也不得不表明，优秀的建筑并不属于教会。人们非常倾向于将宗教视为神职人员的职责，认为宗教与自己无关，所以当他们一听到和"宗教"有关的事情，便想依赖传教士去完成；但我不得不采取介于这两种错误之间的态度，以看似相互矛盾的方式反对这两种观念。伟大的建筑是优秀的、有宗教信仰的人创作的作品；因此，至少你们中有人会说，"好的建筑本质上是神职人员的作品，不是由俗人所建的"。不对，根本不是这样；好的建筑一直是由平民所建，而非神职人员。"什么，"你们继续说，"那些金碧辉煌的大教堂，那些欧洲的骄傲，难道不是它们的建设者创立了哥特式建筑吗？"没有，恰恰相反，他们摧毁了哥特式建筑。哥特式建筑兴起于男爵城堡和市民街道。那些勤恳的市民和勇士般的国王用思想、双手和力量打造了哥特式建筑。然而，修道士们将哥特式建筑视为宣传迷信的工具：当迷信变成美丽的疯狂时，当欧洲的优秀人才在修道院里徒劳幻想、苦苦哀悼，在十字军东征运动中暴怒随后又消亡，通过这种扭曲的信仰和徒劳无功的战争导致的愤怒，哥特式建筑进入了它最美好、最奇妙也最终是最愚蠢的梦境；然后就迷失在了梦中。

现在，我希望在我准备谈论今晚演讲的核心内容时，你们不会误解我。我重申一下，每一件优秀的国家建筑作品都是伟大的民族信仰的成果和代表。你们不可能在这里建造一些，又在别处建造一些，优秀建筑应该分散在各地，要么一座也没有。这些不是牧师的专职，不是神学教条的证明，同样也不是神职人员创造的象形文字；它们是由一个拥有坚定意志、共同目标的民族所创立的有气魄的语言，这个民族信誓旦旦地向无可怀疑的上帝制定的明确律法表达忠心。

至今，欧洲建筑共有三种不同的流派。我这里只谈及欧洲，因为亚洲和非洲建筑完全属于其他种族和气候环境，这里不会涉及它们的问题；但我顺便提一下，我可以直接向你保证，在埃及、叙利亚和印度，优秀建筑作品的判断标准同样适用于博斯普鲁斯海峡这边对欧洲优秀建筑的判定。我们欧洲人也有三种信仰：在希腊，人们信奉智慧和力量之神；在中世纪，人们崇尚审判和慰藉之神；到了文艺复兴时期，人们又开始敬奉自豪和美丽之神：我们都曾有过这三种信仰——它们已经成为过去式了；现今，至少我们英国人有了第四种信仰以及我们自己的神明，对此我想问问你们。但是，我要先解释一下前面三种信仰。

首先，我再说一遍，希腊人本质上都信奉智慧之神；因此，任何与他们的信仰相违背的，对于犹太人而言就是绊脚石，对于希腊人来说便是愚蠢。

希腊人最初有关神性的观念来自"天"（Day）这个词，即天神，天启者朱庇特，这在我们的单词"*Di-umal*"和"*Di-vine*"中仍能体现。雅典娜是天神的女儿，更确切地说是智慧之神的女儿，浑身充满活力。我们也是依靠近期的研究，才开始理解雅典娜象征符号背后蕴藏的深刻内涵：我可以简要说明一下，我们在雅典娜最完美的雕塑上可以看到，她一手扶着宙斯盾，身披挂有蛇形装饰吊穗的斗篷，左手弯曲做出防卫动作；而盾牌上的蛇发女怪代表着令人不寒而栗的恐惧和悲痛（她能将人变成石头），这些都是最表面和肤浅的知识，正是这些辛酸、冷酷、悲伤的知识将成人和儿童的心智区别开来。欠缺的知识引发恐惧、冲突、危险、鄙视；完全受到启发的雅典娜所带来的完美知识则产生了力量与和平，她头戴的橄榄枝王冠、手持的所向披靡的长矛就象征着这一点。

这便是希腊人关于神性最纯粹的解读；他们所有的生活习惯，以及每一种艺术形式都来源于对明亮的、清澈的、无法抵抗的智慧的求索；这使作为人类的他们自始至终做着正确的、勇敢的事情；他们从来不会突然热情高涨或抱有最后的希望；但他们有坚定的意志和自制力，因为他们知道失败了不会得到安抚，罪恶也不会被宽恕。所以，希腊建筑都表现出完美、欢快、界定明确和自足的特点。

接下来讲解的是欧洲基督教信仰，这从根源上来看是安抚的信仰。它伟大的教义就是饶恕罪恶；因此，在基督教的某些发展过程中，人们在一定程度上美化罪行和疾病的情况频繁发生，好像人们被治愈的罪过和疾病越多，就越能体现治疗过程的神圣之处。这种教义在艺术方面产生的直接结果就是人们不断思量着罪恶和疾病，以及从中得到净化的一种理想状态。因此，我们在忧愁和渴望的情感交织中构思建筑作品，使作品呈现既严肃又奢华的特点。建筑服务于我们每个人的需求、想象，就像我们自身的强弱变化，它们也同我们一起时而变强时而变弱。所有建筑都是这样，品行不端的人会创作出最卑劣的建筑，品行端正的人会建造出最宏伟的作品。

现在注意一下，希腊和中世纪的两种信仰因自身主要目标的错误而最终消失在历史之中。希腊对于智慧的崇拜因一种错误的哲学而毁灭——"这是科学的对立面，这就是我们所谓的错误"。中世纪对于安慰的信仰在一种错误的安慰与虚伪的罪恶宽恕中毁灭。正是这种赦免资格的买卖结束了中世纪信仰。更进一步说，销售赎罪券将永远标志着基督教的虚伪。纯粹的基督教仅通过终结罪恶来赦免；但虚假的基督教通过与罪恶势力和解来赦罪。和解的方法有很多。无论是在低教派还是高教派，我们英国人都有偷偷购买赎罪券这种机灵小把戏，这比台彻尔当年的阴谋狡诈得多。

第三种是对快乐的信奉。整个欧洲都沉浸在奢靡之中，最终走向灭亡。首先是每个沙龙举办的假面舞会，之后是在每个广场竖着的断头台。所有这三种信仰都源自宏伟的寺庙。希腊人追崇智慧，建立了帕特农神庙——象征着处女的庙宇。中世纪崇尚安抚，也建立了处女庙宇——却供奉着救赎女神。之后，文艺复兴倡导者们崇尚美丽，于是建成了凡尔赛宫和梵蒂冈教廷。现在，最后，你们能告诉我，我们的信仰是什么，我们又建造了什么吗？

众所周知，我们现在谈论的是真正的、主动的、连续的、民族的信仰；在世时，人们便以此作为行动指南；并不是等去世后再谈论。然而，现在确实有一种名存实亡的宗教，我们在这方面只付出了十分之一的财富和七分之一的时间。但也存在务实的、真诚的宗教，我们为此奉献了其余的财富和时间。我们对有名无实的宗教争论颇多，却一致同意切实的宗教；我想你们一定会认可，将统领女神称为"前进女神"或"不列颠市场女神"。雅典人曾有"雅典娜市场女神"，但她在众多女神中处于次要地位，而我们的"不列颠市场女神"则是主神。你们所有的优秀建筑作品都是为她建造的。你们已经很长一段时间没有建造一座宏伟教堂了；如果我现在提议在众山的一座山顶上建教堂,将其建成古希腊雅典卫城那般,你们肯定会笑话我!但你们修建的铁路土堆却比巴比伦的城墙更广阔;你们的火车站也比以弗所的寺庙更宽敞,而且不胜枚举;比起教堂的尖顶,你们的烟囱更加巨大、昂贵!还有你们的港口码头、工厂、交易所——这些为"前进女神"建造的一切;她已经造就,也将继续修建你们的建筑,只要你们一直崇拜她;如果你们问我如何为她建造寺庙,这是毫无意义的,因为你们比我清楚多了。

实际上,根据一些理论,我们确实可以建造出令人信服的优秀的交易所建筑。也就是说,如果有和交易所有关的英雄事迹,这些内容可能会被刻在建筑物的外墙上。你们知道,所有华丽的建筑都必须有雕塑或绘画加以装饰;同时,你们也必须构想适合雕塑和绘画的主题。到目前为止,世界各国已达成共识,即雕塑或绘画的题材都来源于某种**英雄主义**。甚至在陶罐和酒壶上,希腊人刻画了大力神赫拉克勒斯猎杀狮子,或阿波罗射杀毒蛇,或酒神巴克斯杀死忧愁的巨人和意志消沉的凡人等场景。在庙宇上,希腊人还绘画了伟大士兵为开疆拓土而奋战或众神与恶魔斗争的场面。基督徒则在他们相似的房屋或寺庙上雕刻天使战胜魔鬼的画面，或是改变世界的英勇殉道者：我想，对于交易所而言，上述主题并不合适。上帝不仅没有命令信徒在交易所外墙上修建有关交易的雕塑，而且强烈表明不喜欢他们在建筑内部进行交易。然而，交易过程中似乎确实有一种英雄主义；所有的商业活动变成白鸽的销售，这不是对神灵的亵渎。我一直非常好奇，为何在人们眼中，英雄主义始终不是一种向人们提供食物或衣服的行为，却意味着掠夺他人食物、扒光别人衣服的行径。从古至今，用武力毁坏一切是英雄行为；但人们却从不认为售卖旧的或新的衣服是慷慨的。然而，令人不解的是，向饥饿的人提供食物、为赤裸的人提供衣服为何成了低俗的交易，甚至有时这些活动范围广泛。总之，如果有人能设法把征服观念和这些行为相结合就好了！这样一来，如果某个地方有个倔强的民族拒绝接受安慰，那么有人就会因为向他们提供强制的安抚而心生自豪[2]！而且，这难道不正是以礼节而非武力"攻占一个国家"吗？人们应把在贫瘠土地上耕种视为与剥夺他人土地一样的胜利；应当讨论谁去负责建立村庄而非"占领"村庄！我们能想到的所有形式的英雄主义不正是这类服务性质的事情？你们还不确定谁最强大吗？可以确定的是，铁锹和利剑的攻势一样。谁又是最智慧的呢？在发动战役之外，我们还有更多风趣的事情需要考虑。谁是最勇敢的呢？人类总是要和自然环境抗争，后者比前者更强大，几乎同前者一样残暴。

在军人工作中，唯一完全的、普通人无可匹敌的英雄行为似乎是他们做事报酬很少，且是固定的收入：当你做小贩、商人，或从事其他似乎乐善好施的职业时，你的收入更多——还能发一笔大财。我从不理解为何一位侠客愿意不计回报地去冒险，但小摊贩却做不到；为何有人愿意接受沉重的打击而一无所图，却不愿降低缎带的售价；为何人们会开展疯狂的十字军东征运动，只为收复一位已故神灵的墓穴，却从不会远行以满足生者的要求；为何人们为了宣传心中的信仰而赤脚去任何地方，但总有人得收受巨额贿赂之后才去践行；为何有人十分愿意分发福音单，却不愿向他人提供面包和鱼[3]。

如果你们按照军队的准则做事，为了获得稳定的收入而从商，并为国家提供资源；或者像士兵用最好的军火保护人们那样,能为人们提供最好的食物和衣物;那么我会在交易所上为你们雕刻一些值得观看的内容。但目前,我只能建议你们在交易所的饰带上悬挂一个钱包;最好把所有立柱的基座建得宽一些,以便粘贴票据。在交易所最里面的房间里,摆放着一座不列颠市场女神的塑像,我建议最好在她头顶上雕刻一只鹧鸪,以示为崇高理想奋斗的勇气和对比赛的兴趣;在雕像的脖颈处刻上金色的文字,"她没有像鹧鸪那样孵蛋"[4]。之后,可以用织工的秤杆作为她的长矛;在她的盾牌上,雕刻着一只被剪了半身毛的米兰野猪,以及在田间的革尼撒勒城,而不是圣乔治的十字架;还有一行文字,"在最好的市场里"[5],以及她皮质的甲胄要在胸前折叠成一个钱包的形状,还需刻有三十条细缝,这样方便放钱进去,每一个切口意味着每月的一天。毫无疑问,如此一来,人们会对你们建立的交易所和女神雕像鼓掌喝彩。

然而,我要说明的是,你们的女神身上体现了一些奇异的特点。她与伟大的希腊和中世纪众神有两方面的区别:一是她假定拥有的力量的持续时间,二是力量的影响程度。

第一点,是她力量的持续时间。

希腊智慧女神会不断提升智慧力量,如同基督教的安抚圣灵(或是安抚者)持续增加安慰一样。毋庸置疑,他们的作用是无限的。但对于市场女神而言,这恰恰是最重要的问题。继续前进——但路在何方?聚敛钱财——但多少为限?你们只想不断积累财富——却一毛不拔吗?如果是这样的话,希望你们能喜欢你们的女神,即使我从来不信奉她,我也和你们一样过着富裕的生活。但如果你们从不开支,其他人也会花钱,肯定会的。正是因为这一方面(在其他类似的错误之中),我曾笃定声称,你们所谓的政治经济学并非科学;因为,也就是说,它忽视了商业中最重要的一部分内容——**消费**的研究。最终,你们会花掉所有挣到的收入。谷物丰收之后,你们准备把英国埋在谷堆中,还是最后吃完所有的粮食?你们收集黄金,是为了用其打造屋顶,还是用来铺路?这也是一种花钱的办法。但如果你们仅为获得更多黄金而储存,我可以提供你们更多的黄金;如果你们能告诉我黄金的用途,我可以给你们足够的黄金——只要你们能想到。你们将得到上千条黄金,数以百万、千万、堆积如山的金条，你们在哪里存放这些黄金呢？你们会在皮立翁金山上再建一座奥林匹克银山，导致奥萨山看上去像一个疣子吗？你们认为，相比于从上帝造的、满是苔藓和玄武石的山脉上流淌的雨水和露水，从这样的黄金山脉上流下来的雨水、露水更神圣吗？其实，你们想收集的并不是黄金！那是什么呢？美元吗？不，也不是这些。那又是什么呢？是大写的1后面的好多0吗？难道你不能练习写0，想写多少就写多少吗？每天早晨，在一个大本子上练习写0一小时，到了每天夜晚，对自己说我今天比昨天的价值又加了许多0。这样有用吗？以路托斯财神的名义告诉我，你们究竟想要什么呢？既不是黄金，也不是美元，更不是大写的1后面的好多0，那是什么呢？最后，你不得不回答，"不，我们想要的，或许是其他的，是金钱的**价值**"。这是何意？留给你们的"前进女神"去发现，并且学着如何留在那里吧。

第二点，关于这位"前进女神"，人们会问及另外一个问题。其一是她力量的持续时间，其二是力量的影响程度。

智慧女神雅典娜和圣母马利亚应该属于全世界。她们可以教导、安慰所有人。但，你们再认真研究一下"前进女神"力量的本质，便会发现，她并不是能促使所有人进步的女神，只能引导一部分人进取。这一方面的不同至关重要，或者说相当致命。考虑一下，你们理想中的国民生活状态，也即这位女神所倡导和维持的生活情形是怎样的。上次来这儿时，我就问过你们这个问题，但你们没有回答我。现在，我可以告诉你们答案吗？

在我看来，你们理想的人类生活状态是，生活在欢乐的、波动起伏的世界里，地下到处埋藏着钢铁和煤矿。在每面斜坡上，人们都建造一座华丽的府邸，带有两间侧房、马厩、马车房、一个面积适中的庄园，一个大花园，几间温室，还有一辆舒适的马车驶过灌木丛。在这座宅邸里，住着受女神恩惠的信徒们：一位英国绅士、温婉的妻子和完美的孩子们；这位绅士总能为妻子准备化妆室或珠宝，为女儿们购买漂亮的舞会礼裙，给儿子们带去猎犬，为自己安排好在苏格兰高地的狩猎。在斜坡底部，有一间工厂；它至少有四分之一英里长，每端各有一台蒸汽机，中间还有两台，烟囱高达三百英尺。工厂长期雇用着八百名至一千名工人，这些人滴酒不沾、兢兢业业，每周日都去教堂做礼拜，而且谈吐得体。

概括地、就这种状态的主要特点来说，这难道不是你们为自己设想的生活吗？从上面来看，这种生活确实很完美；但从下面来看，就毫无美好可言了。因为，请观察一下，对于某个家庭而言，这一神灵确实算是"前进女神"，但对于其他一千个家庭来说，她是"后退女神"。你们会说："不是这样的，每个人都有机会。"的确，每个人都有中得彩票的机会，落空的机会也一样。"啊，但在彩票方面，技巧和智力并非决定性因素，而是要看运气。"那之后呢？当力量已经由武力变成智力时，你们依旧认为"强者为王，顺其者昌"这种陈旧观念是公平的吗？尽管我们不会欺负处于劣势的妇女儿童，但我们就能欺负愚蠢的男性吗？"不是的，但最终，一定会有人做这些事，总有人在上流社会，也有人在社会下层。"诚然，我的朋友们，事情得有人做，也得有做事的领导；如果你们还依稀记得一点我写的内容，便会知道这些工人并不适合这个时代，因为他们一直坚信统治是必要的，但却蔑视自由。我请你们注意一下，便会发现作为领导或主管人员，与从工作中牟利这两方面存在很大的区别。事实上，并不因为你是一位军队的将军，军队收缴的所有财物或土地就能归你所有（如果是为了财产和土地而战的话）；同样，即使你是一国之君，也不可能消耗完举国上下劳动所带来的利润。相反，真正的国王都采取了与上述情况相反的做法，他们都尽可能少地占用国家资源。这是检验一位真正的国王绝对可靠的标准。国王的生活简单、勇敢、朴素吗？如果是这样，他可能确实是一位国王。他是否满身珠光宝气，他的餐桌上是否摆满精美的食物呢？若是如此，他便不是国王。只有当全国子民与他共享富贵时，他才可能成为所罗门那般的国王。所罗门不仅用黄金打造了自己的宫殿，还用它建造了耶路撒冷。但即使如此，那些富丽堂皇的王国大多都消逝为尘埃，只有忠诚的劳动者管理着同样忠诚的劳动者的真正王国才得以幸存。他们会共同克服困难，一起创建真正的新王朝。总而言之，你们即使是国王，也不能出于私心搜刮全国的财富；同样，即使你们是国家某地区的掌权者，控制着某地的物质财富——土地、工厂、矿石，这也不代表可以为了自己索取产于此地区的资源。

你们会告诉我,不要去宣传反对这些事情,因为你也无法改变这些。的确,我的朋友们,我确实做不到;但你们可以,你们也会这样做;或有人能够且愿意做到。即便是美好的事物也无法永久保存——难道邪恶的事物能以胜利的形式延续下去吗?相反,历史表明,它们无法做到。改变总会发生,然而是由我们决定改变到底是为了发展还是灭亡。难道你们认为,岩石上的帕特农神庙成了废墟,牧场里的博尔顿小修道院被废弃,但你们的工厂却成为世界所有建筑物中的佼佼者,运转的轮轴永不停息,对吗?你们认为"人来人往",而唯独你们的工厂会永存,是吗?事实并非如此,好的或是坏的改变终将到来,决定权掌握在你们手上。

我知道并非有人故意做这些错事。恰恰相反,我理解,你们希望工人能过上美好生活,你们已经为他们做得够多了,如果知道自己的行为能带来善意,你们会为他们付出更多。我知道,尽管这些错误和苦难都是由一种反常的责任感导致的,你们所有人都在尽自己最大的努力。然而,遗憾的是,你们并不知道究竟是为谁而施善。现代经济学家巧言令色地用违背信仰的话语欺骗着我们,他们告诉我们:"为了我们自己而努力,最终也有利于他人。"朋友们,上帝可没有这样说过,而且我认为这有悖于世界的运行法则。事实上,应该是"为了他人而竭尽全力,最终也能使自己受益"。但我们一直关注这个问题是不行的,异教徒们早就考虑了其他问题。听听一位异教徒对此发表的看法,看看柏拉图写下的最后文字,也许不是最后的文字(我们无法知晓),但可以确定的是,在事实和力量上,他的部分言论竭力完美、和谐地总结自己所有的思想,并以想象中的伟大神灵的话语表达出来,可惜他的体力和勇气没有坚持到最后,他的话便戛然而止。

柏拉图的那些话语记录在《克里底亚篇》的结尾处,其中他描述了早期雅典的情况,部分源于真实的传统,部分源于想象。书中还涉及寓言中的亚特兰蒂斯岛的起源、秩序和信仰。在论述起源方面,柏拉图构思了人类最初的完美状态和最终的衰亡,这和我们的《圣经》传统相似,上帝的儿子们与人类的女儿们通婚,对此,柏拉图认为最早的种族都是上帝的后代。然后他们走向堕落,直到"无法从他们的印记中识别出他们是上帝的子女"。柏拉图说这就是结局。的确,"世世代代以后,只要他们还能保全上帝的本质,他们还需遵守神圣的法律规则,与他们具有神圣特征的同类友好相处;因为他们最高的精神理念忠诚且真实,同时也具有智慧;因此,他们以温顺的智慧彼此温柔相待,把握住了生命的机遇;除了美德,他们鄙视一切,他们甚少关心每天发生的事情,不思虑积累黄金和财富;因为他们明白,**只有当他们之间的友爱和美德增加了,所有的一切才会随之提升**;但过于重视追求物质财富,只会让你失去它,美德和关爱也会一同消失。鉴于这种推理和他们保留的神性本质,他们获得了我们之前提及的所有成就;但当他们身上的神性渐渐消逝,微乎其微,不断相互融合,受到盛行的死亡的影响时,他们身上的人性超越了神性,就无法控制对财富的追求,堕落到扭曲的、卑劣的生活之中,失去了他们最美的荣耀;对于那些被蒙蔽的、无法明辨是非、只为追求享乐的人来说,他们看上去既优雅又开心,拥有与他们身份不相称的财富和权力。因此，法律王国的众神之神，看到一度正直的民族最终陷入困境，便惩罚他们，希望他们能够忏悔，进而自我约束，将所有的神灵召唤到居住地，即天堂的中心，从这里望向正在形成的一切，他说"——

余下的是沉默。这位非常聪颖的异教徒最后讲到了对富裕的偶像崇拜；这是你们的偶像，它金碧辉煌，直插云霄，耸立在英格兰绿色的草原上，就像杜拉平原那样。在所有被禁止的偶像中，这个偶像是上帝和信仰最极力反对的；在任何时代或民族中，所有能够遵循上帝旨意来言说的人都反对它。如果你们继续将它奉为自己主要的神明，不久之后，你们将失去艺术、科学、欢乐。灾难将要降临，更糟糕的是，整个世界将逐渐崩塌、枯竭。如果你们能树立某种为之努力的真实人生状态的观念——一种对自己、对所有人都有好处的观念；如果你们能决定某种真诚、简单的生存秩序；如果你们可以沿着那条智慧的、愉快的、安静的、追求和平的智慧道路[6]；之后，你们便会把个人财富变成"公共财产"，你们所有的艺术作品、文学、日常劳动成果、家庭情感纽带以及公民责任感将会融合在一起,在完美的和谐中茁壮成长。你们便会知道,如何创造出足够优秀的建筑;不仅用石头,更是用血肉之躯;不仅用双手建造寺庙,更是用心灵去打造;这种沾满深红色鲜血的大理石才能够流传百世。

·注 释

[1] 有种错误的观念,认为希腊人主要崇拜或追求的是美。其实他们寻求的是以先见之明为根基的正义和力量:希腊艺术最显著的特点不是美,而是设计本身;多利安人的阿波罗崇拜和雅典人的贞洁崇拜都表现出他们对神圣智慧和纯洁的崇敬。在国民心中,赐予人们力量和生命的酒神狄奥尼索斯、谷神克瑞斯的影响力仅次于这些伟大的神灵;还有英雄人物大力神赫拉克勒斯。在鼎盛时期,希腊人不崇拜维纳斯,缪斯众女神则主管真理与和谐。

[2] 我是很认真的,尽管这听上去像是笑话。[1873年]

[3] 请反复思考这一段,内容过于简短,又相互对立,我最开心的一件事就是把它记录下来了。[1873年]

[4] 《耶利米书》第17章第2节(《圣经·旧约》的希腊文译本和拉丁文译本中最好的内容):"像鹧鸪那样,养育着不是它自己孵化的蛋,他发着不义之财;在他中年的时候,财富会离他而去,最终他变得愚蠢。"

[5] 完整的意思是"我们已把猪带来了"。[1873年]

[6] 我猜想希伯来的圣歌仅仅是有情感的重复吟唱,并没有包含奇特的想象;然而,我们或许可以在阅读英文版时创造奇思妙想,受益颇多。

图书在版编目（CIP）数据

记忆之灯 /（英）约翰·罗斯金著；张雅琦译. —北京：商务印书馆，2023
（伟大的思想. 第二辑）
ISBN 978-7-100-22031-6

Ⅰ.①记… Ⅱ.①约…②张… Ⅲ.①艺术理论—研究 Ⅳ.①J0

中国国家版本馆CIP数据核字（2023）第062015号

权利保留，侵权必究。

伟大的思想 第二辑
记 忆 之 灯
〔英〕约翰·罗斯金 著
张雅琦 译

商 务 印 书 馆 出 版
（北京王府井大街36号 邮政编码100710）
商 务 印 书 馆 发 行
山东临沂新华印刷物流
集团有限责任公司印刷
ISBN 978-7-100-22031-6

2023年9月第1版　　开本 787×1092 1/32
2023年9月第1次印刷　印张 47

定价：260.00元（全十册）